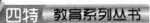

四特 教育系列丛书 SITEJIAOYUXILIECONGSHU

学生身体素质教育

萧 枫 姜忠喆◎主编

特约主编： 庄文中 龚 玲

主 编： 萧 枫 姜忠喆

编 委： 孟迎红 郑晶华 李 菁 王晶晶 金 燕

刘立伟 李大宇 赵志艳 王 冲

王锦华 王淑萍 朱丽娟 刘 爽

陈元慧 王 平 张丽红 张 锐

侯秋燕 齐淑华 韩俊范 冯健男

张顺利 吴 姗 穆洪泽

左玉河 李书源 李长胜 温 超

范淑清 任 伟 张寄忠 高亚南

王钱理 李 彤

"四特"
教育系列丛书

吉林出版集团有限责任公司

图书在版编目(CIP)数据

学生身体素质教育 /《"四特"教育系列丛书》编委会编著. – – 长春：吉林出版集团有限责任公司，2012.4

("四特"教育系列丛书 / 庄文中等主编. 学生素质教育与培养)

ISBN 978 – 7 – 5463 – 8751 – 2

Ⅰ. ①学… Ⅱ. ①四… Ⅲ. ①中小学生 – 身体素质 – 素质教育 Ⅳ. ①G633.962

中国版本图书馆 CIP 数据核字(2012)第 043953 号

学生身体素质教育

责任编辑	孟迎红　张西琳	
责任校对	赵　霞	
开　　本	690mm × 960mm　1/16	
字　　数	250 千字	
印　　张	13	
版　　次	2012 年 4 月第 1 版	
印　　次	2018 年 2 月第 1 版 第 2 次印刷	
出　　版	吉林出版集团股份有限公司	
发　　行	吉林音像出版社有限责任公司	
	吉林北方卡通漫画有限责任公司	
地　　址	长春市泰来街 1825 号	
	邮　编:130062	
电　　话	总编办:0431 – 86012906	
	发行科:0431 – 86012770	
印　　刷	北京龙跃印务有限公司	

ISBN 978 – 7 – 5463 – 8751 – 2　　　　定价：39.80元

前　言

学校教育是个人一生中所受教育最重要的组成部分,个人在学校里接受计划性的指导,系统地学习文化知识、社会规范、道德准则和价值观念。学校教育从某种意义上讲,决定着个人社会化的水平和性质,是个体社会化的重要基地。知识经济时代要求社会尊师重教,学校教育越来越受重视,在社会中起到举足轻重的作用。

"四特教育系列丛书"以"特定对象、特别对待、特殊方法、特例分析"为宗旨,立足学校教育与管理,理论结合实践,集多位教育界专家、学者以及一线校长、老师们的教育成果与经验于一体,围绕困扰学校、领导、教师、学生的教育难题,集思广益,多方借鉴,力求全面彻底解决。

本辑为"四特教育系列丛书"之《学生素质教育与培养》。

实施素质教育是我国现代化建设事业的需要。它体现了基础教育的性质、宗旨与任务。提倡素质教育,有利于遏制当前基础教育中存在着的"应试教育"和片面追求升学率的倾向,有助于把全面发展教育落到实处。从教育面向现代化、面向世界和面向未来的要求看,素质教育势在必行。这是我们基础教育时代的主题和任务。

学校教育的核心工作是培养全面发展的社会主义建设者和接班人,而学生则是未来的主要建设者和接班人,直接关系到整个社会的前途和命运。中小学生正处于青少年时期,其心理生理发展具有不成熟、可塑性强的特点,他们在面对错综复杂的社会时能否全面认识理性分析问题不仅是部分人的问题而是一个社会问题。当代青少年面临更多的机遇和史无前例的挑战,只有树立科学的价值观,才能全面正确地认识自己、他人和社会,才能在认识和改造世界的过程中取得成功。

本辑共 20 分册,具体内容如下:

1.《学生身体素质教育》

根据中小学生参与体育状况调查发现,学生身体素质呈现持续下降的趋势。针对学生身体素质下降的状况,必须要让体育课落到实处,且要加强开展学校课外体育活动的力度,充分调动广大学生参与课外体育活动,从而提高学生的身体素质,使学生的身心得到健康发展。同时,探寻学校学生身体素质下降的根源,从而提高他们的身体素质。

2.《学生心理素质教育》

本书的各位作者拥有多年从事心理健康教育和研究的经验,为此,我们运用心理学的基本原理,从同学们的需要出发,编写了本书,它主要包含上面提到的自我、人际、学习、生涯等几个方面的内容。希望同学们能通过本书的学习,掌握完成这些任务的战略与技巧,为你们的长远和可持续发展提供力所能及的帮助。

3.《学生观念素质教育》

不同的人对同一事物产生不同的看法,本来是很正常的事情,但如果不同学生的观念差异太大,甚至"针锋相对",就不能不让人琢磨一下。本书就学生的观念素质教育问题进行了系统而深入的分析和探讨,并提出了解决这一问题的新思路、可供实际操作的新方案,内容翔实,个案丰富,对中小学生、教师及家长均有启发意义。本书体例科学,内容生动活泼,语言简洁明快,针对性强,具有很强的系统性、实用性、实践性和指导性。

4.《学生道德素质教育》

道德素质是人的重要内涵,它决定着人的尊严、价值和成就。良好道德素质的培养,关键在青少年时期。为培养学生形成良好的行为习惯,提高道德素质,只有建立学校、家庭、社会三结合的"立体化"教育网络,才能最有效地促进学生道德行为的养成,全面提高青少年的素质,促进青少年的健康成长。

5.《学生形象素质教育》

我们自尊我们自信,我们尊敬师长,我们自强我们自爱,我们文明健康。青春就是一次又一次的尝试。身处在这个未知的世界,点滴的前进,都是全新的体验,它点亮中学生心中的那片雪海星辰。新时代的中学生用稚嫩的双手创造一个又一个生命的篇章。让我们用学识素养打造强而有力的翅膀,让我们用青春和梦想做誓言,让我们用崭新的形象面向世界。

6.《学生智力素质教育》

教学中学生正是通过语言符号和非语言符号,学习知识、技能,在吸取人类智力成果过程中,使自己的智力得到锻炼和发展。指导学生智力发展应贯串于教学过程的始终。备课、钻研教材、上课、答疑、辅导、组织考试、批改试卷和作业都应当分析学生思维的过程,考虑发展思维的教学措施。

7.《学生美育素质教育》

美育是培养学生全面发展的教育方针的重要组成部分。美育又称审美教育或美感教育,是培养学生正确的审美观点以及感受美、鉴赏美和创造美的能力的教育。美育是实施其他各育的需要,美育是全面发展教育的重要组成部分,它渗透在全面发展教育的各个方面,对学生身心健康和谐地发展有促进作用。

8.《学生科学素质教育》

教育应面向全体国民,以提高国民素质、提高学生科学素养为目标,为学生的终身发展打下基础。本书以培养小学生科学素养为宗旨并依据新课程标准编写。学生通过本书的学习,能知道与身边常见事物有关的浅显的科学知识,了解科学探究的过程和基本方法,保持和发展对周围世界的好奇心和求知欲,逐渐养成科学的行为习惯和生活习惯,形成敢于创新的科学态度,培养爱科学、爱家乡、爱祖国的情感。

9.《学生创造素质教育》

创造才能是各种能力的集中和最有价值的表现,人类社会文明都是创造出来的,所以只有具备创造才能的人,才是最有用的人才。一切发达国家都非常重视青少年创造才能的培养。培养创造才能要从教育抓起,要从小做起。

10.《学生成功素质教育》

本书旨在让学生认识到成功素质教育的重要性。成功素质教育的目的和意义在于:激发学生对于成功的欲望和追求;让学生了解成功素养的内涵和相关解释;通过开展积极有效的成功素质教育,激发学生潜能;让学生自发主动地参与成功素质的行为,由被动转为主动。

11.《学生爱国素质教育》

祖国是哺育我们的母亲,是生命的摇篮,我们应该因为自己是一个中国人而感到骄傲。学校要坚持抓好学生的爱国主义教育,使他们从小热爱祖国。"祖国"一词对小学生来说,比较抽象,因此,他们对学生进行爱国主义教有,注意从大处着眼,小处着手,引导学生从身边具体的事做起。

12.《学生集体素质教育》

一个国家如果没有团结稳定的局面是不可能繁荣兴盛的;一个集体如果没有精诚合作的精神是不可能获得发展的;一个班级如果集体观念淡薄是不可能有提高进步的;一个人如果不加强培养集体意识,他是不可能被社会所接纳的。集体意识的培养对每个学生来讲是至关重要的。学生只有在校园就开始提高自己的集体协作意识,才能在将来的工作中游刃有余,才能让自己的前途得到更好的发展。

13.《学生人道素质教育》

人道主义精神与青年成长的关系非常密切,既关系思想意识上的完善,又关系知识面的拓展。为进一步切实加强青少年的思想道德建设,建议教育部制定切合实际的教育纲要,将人道主义教育纳入中小学生课程。本书从人道主义精神的培养入手,规范未成年人的行为习惯,使他们真正成为合格的接班人。

14.《学生公德素质教育》

社会公德作为人类社会生活中最起码、最简单的行为准则,是和广大人民群众的切身利益密切相关的,是适应社会和人的需要而产生的。它对人们的社会生活具有特殊且广泛的社会作用。每个社会成员都应该自觉遵守社会公德。社会公德是衡量一个国家全民素质水准的重要标志,抓紧对青少年进行社会公德教育,既是推动社会进步的奠基工程,也是社会主义精神文明建设的一项战略任务。

15.《学生信念素质教育》

加强公民道德建设,在全社会树立中国特色社会主义的共同理想和信念,加快构建传承中华传统美德、符合社会主义精神文明要求、适应社会主义市场经济的道德和行为规范。未成年人是祖国未来的建设者,加强和改进未成年人思想道德建设尤其重要。理想信念教育是培养公民素质的本质要求,把学生培养成为热爱社会主义祖国,具有社会公德、文明行为习惯的遵纪守法的公民是我国德育工作的主要任务。在德育体系中,理想信念教育处于核心地位,是德育研究的重中之重。

16.《学生劳动素质教育》

劳动素质教育是向学生传授现代生产劳动的基础知识和基本生产技能,培养学生正确的劳动观点,养成良好的劳动习惯的教育。本书旨在培养学生正确的劳动观点和良好的劳动习惯,使学生掌握初步的生产劳动知识和技能。

17.《学生纪律素质教育》

依法治国已成为我国治国的方略。我们正在建设社会主义法治国家,纪律法制在社会生活中的作用越来越重要,因此进行纪律法制教育也就十分必要了,对青少年学生尤其如此。青少年时期正好是一个人世界观、人生观、价值观的形成时期,在此时加强纪律法制教育,有利于帮助他们掌握应有的纪律法制知识,增强纪律法制意识,提高自觉遵守纪律法制的自觉性,养成良好的遵纪守法习惯。

18.《学生民主法制素质教育》

在推进依法治国,建设社会主义法治国家的进程中,加强对青少年的法制教育,促进青少年的健康成长,我们负有不可推卸的历史责任。为此,本书对当前青少年犯罪的现状、特点、成因进行了调查,对如何进一步加强青少年法制教育和预防青少年犯罪的方法作了一些探索,具有很强的系统性、实用性、实践性和指导性。

19.《学生文明素质教育》

礼仪是一种修养,一种气质,一种文明,一种亲和力,它是人际交往的通行证。青少年是祖国的希望,是 21 世纪国家建设的主力军。培养他们理解、宽容、谦让、诚实的待人处事和庄重大方、热情友好、礼貌待人的文明行为举止,是当前基础教育和学校德育工作的重点之一。将主题宣传教育活动、文明礼仪知识普及活动、日常行为规范教育活动紧密结合起来,培养学生文明行为举止,抓实抓细,必定卓然有效。

20.《学生人生观素质教育》

当代的中学生是跨世纪建设有中国特色社会主义的主力军,他们的人生观如何,关系到他们的本质是否能够得到全面提高,关系到我国社会主义大业的兴衰。因此,学校必须加强对中学生进行人生观教育。在校学生是我国社会生活中被寄予厚望的最重要的群体,他们的人生观变化是社会变化的晴雨表。人生观不仅影响他们个人的一生,而且对国家的前途、命运产生相当大的影响。因此,学校必须加强对中学生进行人生观教育。

由于时间、经验的关系,本书在编写等方面,必定存在不足和错误之处,衷心希望各界读者、一线教师及教育界人士批评指正。

编者

目　录

1

第一章

学生身体素质教育与升级的理论指导

1. 学生身体素质发展的特点

身体素质是人体在运动中所表现的各种机能能力，它是衡量体质状况的重要标志。身体素质包括：力量、速度、耐力、灵敏和柔韧五个方面。上好体育课，对促进学生身体素质的发展具有重要的现实意义，学校体育教学应重视全面地发展学生的身体素质，为青少年的健康成长打下良好的基础。

力量素质

力量素质是指肌肉紧张或收缩时所表现的一种能力。青少年各年龄阶段都可进行力量练习，但采用的方法和手段要与成人有区别。少年时期，由于肌纤维较细，蛋白质含量较少；中枢神经系统的协调功能还欠完善，肌肉群的活动不协调，加之少年长度的发育领先宽度和体重的发育，所以，力量素质较差。在力量练习中，应采用负荷较轻、动作较快的练习，或中等负荷的练习，适宜做速度性力量练习，以提高神经系统对肌肉运动单位的动员能力，改善肌肉协调工作的能力，避免过重的负荷练习和过长时间的静力紧张练习，以防引起关节损伤，抑制骨骼生长。

速度素质

速度素质是人体进行快速运动的能力。少年时期，由于大脑皮层兴奋性和提高过程灵活性高、反应快，所以学生阶段是发展速度素质的良好时期。在体育教学中，可以适当安排一些频率高反应速度快的教学手段。短跑可以很好地发展速度素质和速度耐力素质，适合少年练习，但在具体安排中应科学地控制练习的强度、距离的长短、重复的次数和间隔的时间。

耐力素质

耐力素质是指人体长时间进行肌肉活动的能力，也可看作是抗疲劳的能力。耐力素质在少年身体素质自然发展过程中，是较薄弱的环节。体育教学中不能不进行耐力练习，但也不要过多地进行耐力练习，耐力练习应作为全面身体素质练习的一个必要方面安排在计划之中，但必须循序渐进，逐渐增加运动时间，适当地安排中等强度的耐力练习，以便发展耐力素质。

灵敏素质

灵敏素质是指人体迅速改变体位、转换动作、变换身体姿势和方向的能力。灵敏性与人体对空间感觉和时间感觉的能力有关，也与速度和力量素质的发展有关。灵敏性是一种综合素质。在体育教学中，可采用活动性游戏和各种基本体操等方式，以促进灵敏素质的发展。

柔韧素质

柔韧素质是指运动时各关节的活动幅度或范围。少年关节的软骨较厚，关节囊和韧带的伸展性大，关节的运动幅度大于成人，所以，在体育教学中，应注意发展柔韧性的练习。年龄越小柔韧性越好，根据素质发展的年龄特征，发展柔韧性应从小抓起。与此同时，还应注意柔韧性与肌肉力量的相互关系。

身体素质虽然是通过人体各种基本活动所表现出的力量、素质、耐力、灵敏和柔韧等方面的能力，但也是人体内在综合机能的集中反映，因此，身体素质状况是衡量学生体质强弱的一个重要方面。对于少年来说，机体正处于生长发育阶段，单一的练习会造成集体发展不均衡，体育教师应采用全面发展的身体练习，以利于他们身体各种活动能力和身体素质的发展。

2. 提高学生身体素质的必要性

教育部日前公布的 2004 年学生体质健康监测结果表明，我国学生的身体状况总体较好，但肺活量等体能素质持续下降、肥胖学生继续增多、学生近视率居高不下等突出问题仍未得到有效遏制，更令人担忧的是，一些原本在中老年人身上才出现的如高血压、高血脂、冠心病、糖尿病等与肥胖相关的病症，近年来在青少年身上也时有发生，且患病年龄提前了 10 到 20 年。

有关部门加大力度

教育行政部门应认真贯彻落实国家关于学校体育工作的一系列法规，从制度上改变应试教育的评价机制，提高体育教育在学校教育中的地位。

从根本上改变学校片面追求升学率的思想，保证学生体育锻炼的硬件条件，引进多元化的体育教育思路。全面贯彻国家的教育方针，认真落实学校体育、卫生工作两个条例，努力减轻学生的学业负担，保证学生每天至少有一小时的体育活动时间。

加强学校体育工作，改善体育场地设施，营造良好的校园体育氛围。依靠学校领导的支持，大力提高体育教师的素质水平，加强宣传力度，培养学生对体育的自觉意识，完善规章制度，改善物质条件，为学生创造良好的体育学习环境，积极开展各种形式的体育比赛，推广一些占地面积小的体育活动游戏，积极推进学生课外体育活动和大课间活动的开展，增强学生的体育兴趣及参与意识，提高其参加课外体育锻炼的积极性，使学生选择和接触更多的体育项目。

在体育教学和学校体育活动过程中，要有意识地加强对学生吃苦耐劳、坚毅顽强品质的培养并要正确认识体育教学中的安全和"安全"下的体育教学。

加强对学生的强化

学校应该加强针对学生、家长的营养指导，以发挥家长在改善学生营养方面的作用。加强对供餐单位的指导和卫生的监督。做到合理膳食，均衡营养。加强对网吧的规范化管理，正确引导学生对网络的认识。

总之，青少年的体质健康问题不可忽视，影响学生体质健康状况的因素也很多，家长有责任、体育教师有责任、社会有责任、学校和教育行政管理部门更有责任。因此，我们不能笼统地说该由谁负责，但也不能因为大家都有责任，就可以谁也不负责任，而应当从实际出发，实事求是地对有关问题进行分析，分清责任的主次，本着"以人为本"的原则建立学校、家庭、社会立体化教育网络，从每一个孩子入手，为祖国的未来而共同努力。

3. 提高青少年身体素质的长效机制

建议以建设学生喜欢的体育课程，提高青少年对健康体质的认识高度，以培养主动意识为突破口，建立提高青少年身体素质的长效机制。

明确责任制度

进一步明确政府部门、教育机构体育工作责任人制度，不断提出切实可行的新制度、好政策，从宏观上把握和指引青少年体质健康工作的方向。在学生升学考试制度方面，进一步加大对体育健康的重视程度，切实提高体育成绩在学生升学总成绩当中的比例。

提高经费投入

逐年增加学校体育经费的投入。努力改善教育机构从事体育工作人员的工资待遇，将日常体育活动的组织工作作为工作量，记入教师年度考核，并对组织得当，开展效果好的单位和个人加以奖励。进一步加大对学校体育设施建设的资金投入，不断改善学校的体育环境，特别是目前条件较差的郊区和农村的中小学。这部分资金可以从体育彩票等社会公益资金当中划拨，做到取之于民，用之于民。

丰富体育形式

不断丰富体育锻炼形式，引入学生喜欢的，具有地区特色的，社会流行的项目进行推广。应创设青少年喜爱体育课堂，培养体育锻炼主动意识。可以改革传统的课间操，开展好课间体育活动，开辟轮滑、攀岩、足球颠球、篮球拍球、体育舞蹈、呼拉圈、健美操、游泳等项目，学生分区进行运动，多角度多项目的轮流运作，既有效利用了所有体育设施，又使每个学生都能参与到其中。这里要强调的是，郊区农村等本身体育运动条件不是太好的学校，可以充分考虑传统文化优势，开展民间武术、舞龙舞狮、杂技等有特色的运动项目，这样在强身健体的同时，又传承了优良民族文化，培养了学生的民族自豪感。

提高健康认识

不断提高青少年对健康的认识和理解。让学生们知道，一个健康的体魄对其人生、对我们国家、对中华民族有重大意义。在课堂上不断进行健康教育，教给学生一些有用的健康知识和锻炼方法，培养学生终身体育的思想。使学生由被动的接受，变成自己主动锻炼，切实建立提高青少年身体素质的长效机制。

4. 学生心理素质与身体素质的关系

心身医学研究表明心理素质与身体素质的关系是非常紧密的。很多疾病，如气喘、高血压、皮肤过敏、胃溃疡等疾病都与心理因素有关。如情绪对身体就有很大影响，积极的情绪有益于身体健康，消极的情绪有损于身体健康。斯顿巴赫就认为"所有的病症都是心身相关的，只是某些疾病比其他疾病有更明显的情绪内容"。心理素质不但对人的身体健康有直接影响，而且，对身体潜能的发挥也有很大影响。这一点可从体育竞赛中看出来。在旗鼓相当的情况下，甚至存在一定差距的情况下，谁的心理素质好，谁的体能就能得到更大的发挥，并取得最后的胜利。因此，心理训练已成为体育运动训练的重要内容之一。从心理素质与思想品德素质、科学文化素质以及身体素质的关系中，我们可以看出：心理素质不但与诸素质有着非常紧密的关系，而且，对这些素质有深远的影响，对这些素质的提高起到巨大作用。其次，应该探讨心理层面与生理层面、社会文化层面的关系和作用。

生理素质开发潜能有赖于心理素质

人的生理素质是先天的、遗传的，但这先天的、遗传的生理素质蕴藏着丰富和巨大的潜能，只有通过教育才能开发出来。潜能的开发和发挥是通过心理素质的提高来实现的。从前面谈到的心理素质与身体素质的关系中就可以得到证明。尤其是大脑潜能的开发，更是如此。随着脑科学的发展，人们对脑机能的认识与了解也越来越深入，但大脑潜能的开发和机能的发挥有赖于人的心理素质的提高。为了使脑的机能充分得到发挥，各种形式的心理训练与教育模式产生了，如柯尔特的思维训练，科普曼创设的"儿童的哲学"，费厄斯坦提出的工具性强化思维训练，以及我国的创造性思维教育、愉快教育、成功教育、金色童年教育等，都是通过提高学生心理素质来开发人的潜能。

心理素质制约着社会文化素质

提高学生的文化素养必须在提高学生心理素质的基础上进行，如同道德教育、科学教育等都是在提高心理素质的基础上实现的那样，提高学生的社会文化素质也必须提高学生的心理素质。由此可见，与生俱来的人的自然遗传素质必须借助于心理过程这一中介，才能不断吸收物质文明与精神文明成果，逐渐实现个体社会化，形成现代人的素质。也可以说，生理层面这一基础性因素与社会文化层面这一导向性因素，是通过心理层面，也就是中介性因素发生联系和产生相互影响的。没有心理层面，生理层面与社会文化层面是不会发生关系的。综上所述，提高学生心理素质是实施素质教育的重要内容。

学校开展心理健康教育的实践告诉我们，提高学生心理素质的方法与途径是很多的，主要有以下几种：

（1）教学中培养良好心理品质

在学科教学中注意培养学生良好的心理品质，做到教书育心。课堂教学对学生的影响不仅仅表现在传授知识、发展能力和开发智力上，而且还表现在良好的学习心理品质，即兴趣、动机、态度、意志等的培养以及社会心理品质，即情感、交往、处事等品质的培养和熏陶上。教书育心中的育心指的就是在课堂教学过程中重视学习心理品质和社会心理品质的培养与熏陶。各学科课堂教学活动对学生的影响有显在的，有潜在的。显在的，如学习成绩、学习兴趣很容易看出来，而潜在的，如学生人格、情感等是潜藏着的。后者对学生的影响是深远的。科学知识可以重新学习，而良好的人格却很难重新学习。传统的教育观只重视显在的影响，而忽视了潜在的影响。教书育心就要求通过学科课堂教学活动培养学生良好的心理品质，使之成为提高学生心理素质的重要途径。

（2）营造良好的校园文化环境

环境育人是思想道德教育的成功经验，它也适用于心育。校园文化的心理环境或氛围包含两层意思，一是指静态文化心理环境，如校容、校貌及各种设施设备等对学生心理会有一定的影响；另一是动态文化心理环境，如班风、校风等对学生将产生更大影响。良好校园文化心理环境的营造要动静结合，形成一种整体氛围，创造一种和谐、奋进的群体心理氛围，使学生处于积极的影响之中，心理素质得到提高。

（3）开设心理辅导教育课

心理辅导教育课是提高学生心理素质的重要途径之一。通过心理辅导或指导活动课，在教师引导下，让学生通过讨论、表演、演说、游戏、访问、填表及观看影视节目等活动形式，了解自己的心理状态，从而达到提高心理素质的目的。

（4）建立心理咨询室与心理咨询箱

其目的是加强辅导，帮助学生解决一些心理问题，促进他们健康茁壮地成长。

5. 学校体育素质教育现存问题

学校体育实施素质教育不是简单的身体锻炼和游戏，而是从学生的身体健康基础出发，因材施教，开发潜能，提高学生的体育参与意识，促进身体形态发育，加强学生社会合作能力的培养，使学生在体育锻炼中，建立乐观向上的精神，培养团结协作、勇于克服困难的能力。

体育教师的专业素质较低

很多体育教师仍在传统教学模式下进行教学。体育教学在很多高校得不到足够的重视，排除校领导观念方面的因素，体育教师自身努力不够也是主要原因。很多教师安于现状、工作热情不高、创新能力不够，这些都制约了体育课程改革的发展，同时也影响了学生运动兴趣的建立，所以，必须加强体育教师的责任感、紧迫感、敬业精神和专业技能的培养，只有这样才能发挥好体育工作的主导作用，适应新时代素质教育对体育教师提出的更高、更广泛的要求。

学校体育教学的方法有误

学校没有进行因材施教，同一内容，同一标准，无法满足不同学生的要求。有些同学先天身体素质较差，运动激情不高，对于他们，不能简单地用统一的教学内容和评价标准，要针对不同学生的不同情况进行分层次、分内容教学，使他们的目标通过努力可以实现，调动他们的积极性，提高运动能力，促进每个学生达到自身运动极限，实现全面发展。

身体素质教育没有内外结合

学校的课内外一体化教学不能落到实处，很多高校在进行身体健康测试后，没有进行数据分析，无法了解本校学生的不足，体育课上没有进行有针对性的练习，使体质检测和体育教学脱节。在课外活动上和各项体育协会的练习中，专业体育教师参与较少，使课外运动无法全面调动学生的积极性，也不能起到普及的作用。

6. 身体条件略差学生的思考

在日常的体育教学中，我们往往忽视了对"小、矮、差"学生的教育和引导，久而久之，使这些群体疏远体育活动，成了体育课堂上受冷落的旁观者，也导致他们的心理、生理得不到健康发展。所谓"小、矮、差"就是指学生的年龄小、身材矮、体质差。因此，体育教师在平时教育教学中更应该关注"小、矮、差"学生，创造条件，使他们获得成功愉悦，培养他们对体育课的兴趣，加强他们对体育锻炼的意志和品质的培养，从而提高其身体素质。

学生应有的体育教育权利

那些身体弱、体质差、技术水平低的学生，是由先天性因素和后天缺乏锻炼、营养不良或营养过剩、家庭和社会环境等综合因素造成的，应当讲，"小、矮、差"学生虽然在身体素质、身体活动方面与一般学生有一定的差距，但是他们却同样具有活泼好动的天性，他们也喜欢体育活动。教师应多关心他们，主动与他们交朋友，做到动之以情，晓之以理，设身处地为他们排忧解难；教师要尊重其人格和情感，要把爱心无私的奉献给学生，真正建立起相互尊重、信任理解的师生关系，寓教于情，使身体条件略差学生乐于受教。教师要做学生的知心朋友，多谈心，多个别辅导帮助，以良好的师德和精湛的教学艺术启迪他们，使其能够"亲其师，信其道"；教师是学生兴趣的激发者，体育教师丰富的理论知识，高超的运动能力，优美的示范姿势以及恰当的教育语言，都能使学生提高学习兴趣，养成自我锻炼的习惯，使身体条件略差学生应有的体育教育权利得到保证。

帮助学生消除自卑感

身体条件略差的学生在参加体育活动上有一定困难，但是要引导帮助他们参加体育活动，首先要解除他们心理上的自卑感。

他们总认为在体育上不如别人，对体育活动有一种恐惧的心理。缺乏自信心和勇气，别人在参与活动时，他们却躲在一旁。他们对同伴的态度言语也非常敏感。总认为教师和学生看不起他们。对于这些情况，教师要教育其他学生，对身体条件略差的学生要偏爱，要正确对待同伴。教师为此要营造一个相互关心、相互帮助、互相理解、互相鼓励的学习环境，让自卑的学生感到集体的温暖。

教师的表扬能促使学生产生积极向上的情绪，增强自尊心、自信心，并促使其将这种积极情绪迁移到今后的学习中。但在实践中，身体条件略差的学生往往因运动成绩差而与表扬无缘，这对差生的成长是不利的。如果在教学中，根据身体条件略差学生的不同特点，循序渐进地逐步提出要求，一有进步就及时给予表扬鼓励，使他们每前进一步都能产生成功的喜悦，并在精神上得到满足，从而使他们更加有信心去实现教师提出的更高要求，如此反复练习必将使学生逐步形成由后进变为先进的强大内驱力，乃至达到优秀。

帮助学生提高身体素质

身体条件略差的学生与一般学生在身体素质、体育能力上与其他学生要有所区别，所以在体育教育过程中要有针对性，对于一些怕吃苦，缺乏勇气的学生，练习时督促其认真完成，对他们的教学要求要有信心和耐心，对他们的进步要及时鼓励，让他们体会到成功的乐趣。

从实际出发，要贯彻"低起点"、"小步子"、"多活动"、"快反馈"的原则。

"低起点"，就是教学目标的设计要依据新课程的目标体系，树立全新的以关注每个学生健康发展的教学观，目标制定要与每个学生的实际情况相结合，让他们觉得实现这些目标不遥远，容易和教师达成共识，建立在自觉性、主动性的基础上的体育课效果将是事半功倍的。

"小步子"，就是要为学生创造容易成功而出发，激发他们学习兴趣。因为他们在体育活动中经常碰到的是失误、失败、落后，从而产生怕体育，对体育课不感兴趣。所以让身体条件略差的学生在体育活动中获得成功更为重要。在体育课教学过程中，差生往往对一些有一定难度、一定危险的体育项目感到恐惧，遇到这种情况时，教师应该在不改变动作结构的情况下，及时调整、改变练习的难度和条件，逐步提高，从而达到循序渐进的目的。一是碰到难度比较大、有一定危险性的技术动作时，教师不但要分解简化技术动作，而且还要采用一些辅助练习，降低动作的难度，减轻学生的心理压力；二是降低器械难度，器械难度在客观上会引发学生的恐惧心理，例：跳高，把竹竿换成橡皮筋，让学生具有安全感，从而在不影响本次课的质量前题下达到预期的目标。

"多活动"，就是指在保证活动时间内，人人参与活动。学生全面参与活动，全体参与活动。既要考虑到发挥优秀学生的领路作用，更要照顾到身体条件略差学生的参与和提高，决不能只抓几个"尖子"凑热闹。要对身体条件略差学生，耐心启发，细心辅导，精心施教，并要注意动静结合，让身体条件略差学生乐于活动。

"快反馈"，即使指教师对练习活动中存在的问题，通过采用集体、个别相结合的等方式进行反馈、矫正和强化。同时还要根据反馈得到的信息，随时调整教学要求、教学进度和教学手段。由于及时反馈，能提高课堂教学的效率。"快反馈"既可把学生取得的进步变成有形的事实，使之受到激励，乐于接受下一次学习，又可以通过信息的反馈传递进一步校正或强化。

实践证明，只要我们尽心尽职，多献点爱心，多下点功夫，多

13

花点时间。在组织身体条件略差学生活动时，要多表扬，多给予充分肯定，并要教育其他同学热情帮助他们，使之感受到教师的关心，集体的温暖，活动的乐趣，会让这些身体条件略差的学生的落后状况有明显的改观。他们的进步，也是对其他同学极大的鼓舞和鞭策。

7. 如何提高学生的身体素质

　　健康体魄是青少年为祖国和人民服务的基本前提，是中华民族旺盛生命力的体现。越来越多的学生身体素质不过关而影响了今后的生活和学习，无法适应多种思想文化的激荡，新旧价值观念的冲突、激烈的竞争、物质生活的悬殊，社会生活和经济生活不协调的，现代社会，更无法承担起中华民族伟大复兴的重任。因此，学生养成坚持体育锻炼的习惯，形成勇敢顽强和坚韧不拔的意志品质，促进学生在身体、心理和社会适应能力等方面健康、和谐地发展，从而为自己以后的人生打下坚实基础。

　　身体素质是当代学生综合素质的重要组成部分。学生不仅应有良好的思想道德素质和丰富的科学文化知识，还应有较高的身体素质。这对于学生自身的健康成长和顺利迈向社会，都是非常必要的。

　　随着科学技术的发展和经济的高速飞跃，人们的物质生活精神生活都得到了极大丰富，生活水平也大幅提高。但现代生产和生活方式造成的体力活动减少和心理压力增大，对人类健康造成了日益严重的威胁，学生也不例外。

　　一般认为，学生基本素质包括思想素质、文化素质、专业素质和身体素质几个方面。其中良好的身体素质是自身生存与发展的重要基础。越来越多的学生身体素质不过关而影响了今后的生活和学习，无法适应多种思想文化的激荡，新旧价值观念的冲突、激烈的竞争、物质生活的悬殊，社会生活和经济生活不协调的，现代社会，更无法承担起中华民族伟大复兴的重任。因此，学生养成坚持体育锻炼的习惯，形成勇敢顽强和坚韧不拔的意志品质，促进学生在身体、心理和社会适应能力等方面健康、和谐地发展，从而为自己以后的人生打下坚实基础。

增强体育锻炼的意识

体育意识是对体育锻炼的自觉反应，是学生自觉进行体育锻炼的动力。只有培养学生自觉进行体育锻炼的体育意识，引导学生树立正确的体育观，才能从根本上改变学生体育锻炼不积极，身体素质较差的现状，提高他们体育锻炼主动性和目的性，而不只是应付老师，应付考试。

开展多种活动增加兴趣

有许多时候学生不是没有正确的体育观念，也不是没有较强的体育锻炼的意识，而是由于自身不够了解体育无法找到一项适合自己的，自己感兴趣的运动项目，没有产生浓厚的兴趣。兴趣是最好的老师，没有了兴趣就无法充分调动学生体育锻炼的积极性。因此必须利用一切可行的办法来调动大学生的积极性，如定期举办运动会，举办体育知识竞答比赛等。在多姿多彩的活动中，增强学生对体育运动的了解，提高进行体育锻炼的积极性，从而增加学生体育锻炼的兴趣。

加强学生体育理论学习

当代学生已具备了一定的体育基础，但是缺乏科学方法和科学理论的指导，导致学生无法进行正确的体育锻炼。应加强学生体育理论的学习，全面系统的认识体育运动，掌握正确的体育战术、技术，和体育锻炼的方法，使大学生知其然，也知其所以然。此外，进行学生体育理论教育也有利于提高学生体育锻炼的积极性，和知识面的扩展。

创造良好体育文化氛围

创造良好的教学环境是体育教学的前提，是取得良好的教学效果的首要条件。学校是学生学习生活的地方，也是学生进行体育锻炼的重要场所，学校体育设施等方面的配备对学生体育锻炼的效果起到很大的影响。有不少同学热爱体育运动，积极进行体育锻炼，却因为身边没有合适的运动器材或运动场地而使喜爱的运动无法进行。这样也严重打击了学生进行体育运动的积极性，使他们失去了原本的兴趣。学校要尽可能地为学生提供活动场所，多开辟场地，不断增添体育器材，从而建立起良好的体育教学环境与条件，为深化体育改革，提高学生身体素质提供物质基础。

大力开展体育课，为学生创造可以自主选择的体育课程，增强学生体育学习的选择性。学生在校期间，可自由选择不同的学习项目上课，充分发挥了学生学习的自主性，极大地调动了学生参与体育活动的积极性，在学习和锻炼中体会到体育无穷的魅力和乐趣，从而逐步养成自觉锻炼的习惯。

培养学生终身体育观

《全民健身计划纲要》提出"要对学生进行终身体育的教育，培养学生体育锻炼的意识、技能与习惯的目标"。学生体育运动也是全民健身运动的重要组成部分，因此在对学生体育运动的培养要针对性的选择一些有利于学生可长期用来作为终身锻炼的运动项目，以强身育人为目标，以终身体育为主线，以使全体学生终身受益为出发点，努力探索提高学生体质与健康水平面的途径和方法。

坚持开展学生体育运动

开展体育活动是新时期加强青少年体育、增强青少年体质的战略举措。这一活动的目的，就是要通过阳光体育的抓手作用，促进各级各类学校形成浓郁的校园体育锻炼氛围和全员参与的群众性体育锻炼风气，吸引广大青少年学生走向操场、走进大自然、走到阳光下，积极主动参与体育锻炼，培养体育锻炼的兴趣和习惯，有效提高学生体质健康水平"。提高学生身体素质不仅需要社会学校的支持与帮助，更需要学生自己的努力。

认识体育锻炼的重要性

当代学生中有很大一部分都是独生子女，从小受到家人万般的宠爱，吃苦耐劳精神缺乏。常因为承受不住运动后的疲劳，而选择逃避体育运动，使自己的身体素质越来越差。这是没有认识到体育运动对自己的重要性的表现，也是一种不负责任的表现。学生是家庭、是国家的未来，承担着许多人的梦想和希望，也承受着很大的压力。俗语说，"身体是革命的本钱。"学生的身体素质直接关系着自身，家庭，甚至国家、民族的发展。因此，我们学生要充分认识体育锻炼的重要性，完善自己各方面素质，为自己的未来打下坚实的基础。

利用设备提高身体素质

作为一名新时代的学生不论在物质还是在精神方面都有着很好的条件，应该充分的合理的利用这些条件使他们成为提高自己身体素质的工具。身体素质也是学生综合素质的重要内容，在利用图书馆等设施提高自己科学文化素质的同时，也不应忘记提高自己的身体素质，让自己真正实现全面发展。

身体锻炼是体育的最高境界和最终目标，是提高中华民族体质的必由之路。学生是祖国的未来，祖国的建设者。这要求广大学生不但要具有广博的知识，高尚的思想品德修养，顽强的意志，开拓创新的精神，也要有强健的体魄。因此培养学生的终身体育思想和良好的体育锻炼习惯，对学生走上社会后，从事建设祖国的宏伟事业有着不可低估的作用。

8. 学校体育如何贯彻素质教育

学校体育是学校教育的重要组成部分，是深入贯彻素质教育不可缺少的重要内容。体育教育必须面向全体学生，以培养学生终身体育为目标。当前，我国正在全面实施素质教育，这是现阶段我国基础教育和改革的总趋势。学校体育，作为教育的一个组成部分，如何贯彻素质教育，以提高学生的自身能力？

教师要不断提高自身素质

教师是体育的组织者，对学生的发展起主导作用。素质教育对学校体育提出的要求，即是对体育的要求，无论是体育教育观念的更新，还是体育教学内容、教学方法的改革，都取决于教师的素质。所以，作为教师，首先要树立高度的事业心、责任感。其次要端正教学思想，从适应社会需要，培养人才的素质出发，树立以育人为目标的现代教育观、人才观、质量观，树立学校体育为健身、益智、育德、促美的观点。体育要有渊博的知识和多项技能。为此，教师除对所任学科知识的融会贯通之外，还要对相关学科有一定的造诣。同时还要具备较好的语言表达能力和课堂应变能力等。这样，教师在执行体育教学任务时就会得心应手，提高教学效果。

要重视对学生体育兴趣和爱好的培养

体育要高度重视对学生兴趣的培养，并使之贯穿在整个教学活动中。在指导和组织学生进行体育时，应充分挖掘学生对运动的内在潜力和乐趣，以良好的教学形式，丰富生动的教学内容，采取灵活多变的教学方法，培养学生的兴趣，并把稳定的兴趣培养作为自我锻炼的习惯，使学生学有所得，受益终身。同时，在教学过程中，教师应注意加强体育基本知识教学，开阔学生视野，教会学生运用知识技能的方法及科学的健身方法，增强学生自我锻炼的能力。

重视培养学生的心理素质

加强对学生心理素质的培养，是社会发展的需要，也是深化学校体育改革的必然。现代社会所需要的人才在身体方面，不仅要求要有健壮的体魄，而且要有健康的心理。因此，要充分利用体育这一独特的教育形式，加强对学生心理素质的培养。通过丰富多彩的体育，培养学生顽强向上的精神，良好的心理品质及坚强的意志，发展他们的想象思维和创造能力；要指导并且帮助学生建立正常的人际关系，培养他们自尊、自爱、自信。

加强课外体育活动

课外体育是学校体育工作的组成部分，是完成学校体育目的和任务的重要组织形式。它可巩固和扩大体育课效果，使学生得到全面锻炼。因此，必须把课堂教学与课外体育紧密结合起来，坚持进行两操、两活动，进行队列操练、身体基本训练，狠抓基本体操的质量。并要根据学生的实际情况和爱好，提倡小型多样，注重生动活泼，讲求实效，持之以恒。在普及体育运动的基础上，应建立以传统项目为主的运动队。对有特长的学生要集中进行训练，运动队员必须要思想好，各科学习成绩良好，并在学校体育中起骨干作用。

要健全学校体育竞赛制度，坚持小型多样、以达标内容为主的原则，每年举行一至两次体育比赛。只有这样，才能很好地完成学校体育的目的任务，巩固和提高体育教学的效果，有效地增强学生的体质，提高学生的素质。

9. 提高学生身体素质的教学方法

现代教育观念认为，每一个学生都是特殊个体，需要充分尊重和关怀理解学生，给每一个学生提供思考，创造表现及成功的机会，促进学生的发展。所有的学生都能学习，不存在着绝对意义上的差生，也不存在着绝对意义上的优生，对学生都需要耐心与指导，区别对待、因材施教的多种教学方法。

成功体育教学法

我在教学中制定的教学目标因人而异，对身体素质差可根据情况降低要求，使他们也获得成功。例如在篮球教学中，让他们不用站在罚球线上而是把投篮距离缩短一点，并向他们提出球碰到篮筐就算成功，这样，由于臂力差、力量小的这部分学生练起来自然有了积极性，在这基础上，再辅之其他素质练习，增加能力，使他们在逐步掌握正确技术的同时，能在更远的距离投篮。

分层分组教学法

就学生的运动能力、年龄、性别及成绩分组进行教学。例如在跳高教学中，可将学生按运动能力分组，由学生自己选择有把握跳过的高度，使所有学生既可领会或掌握跳高动作要领，又使不同层次的学生在不同条件下都获得成功。

体育游戏教学法

在体育教学中运用游戏教学法旨在强调激发学生的学习兴趣，引发良好的学习情绪，使身体素质差的学生由被动接受转为积极自觉的渴求。兴趣与成功是相辅相成的，而学生对游戏教学有着强烈的兴趣，特别是那些身体素质差的学生，由于受到游戏的活跃气氛影响，激发了他们的热情，也能积极参与到游戏当中，在玩乐中有了收益。

同伴合作指导法

同伴合作指导是以合作学习小组为基本形式，由学得较好的同伴来担任指导者，利用教学中动态因素之间的互动，促进身体素质差的学生的学习，共同达成教学目标。具体做法可二人一组或多人一组，其中指导者是比身体素质差的学生水平稍高一点，由于学生平时相互了解，感情融洽，在体育技能的练习中会合作得很好。

评价激励教学法

现代管理学研究的结果表明，以鼓励的口气布置任务，可以充分利用人的向上意识、自尊心和荣誉感，使其潜在的能力得到最大限度的发挥。在体育教学中对身体素质薄弱生的每一点进步或某些长处有所发展都给予鼓励，有助于他们去感受成功。鼓励性评价可以充分调动学生的学习积极性，提高上课质量。

身体素质是人体活动的基础和前提，没有良好的身体素质就不可能掌握好运动技能和技术。因此，在体育课上就要重视学生身体素质的提高。

提高学生身体素质的关键是要培养学生自主学习的能力，激发他们对体育的学习动机和兴趣，调动他们积极主动参与体育锻炼，使他们掌握体育锻炼的方法和一定的体育文化修养，培养他们对体育的自我需要意识。

10. 体育在素质教育中的问题与对策

在体育教育目标研究中存在着各种观点，它们既有合理性，也存在一些弊端，它们往往以静态的观点，对体育素质教育的利弊得失进行探讨，缺乏对体育素质教育的目标内涵和素质教育本身的层次性、动态性和演化规律的研究。因此造成了对体育素质教育结构的不清楚，体育教育的整体功能差，难以形成合力的困境。

体育素质教育的内涵

教育学意义上的素质，是指人在先天生理的基础上，在后天通过环境影响和教育训练所获得的，内在的、相对稳定的、长期发挥作用的身心特性及其基本品质结构，又可称为素养。

素质教育是一种旨在提高受教育者身心基本质量的教育。它的意义在于：充分挖掘每个人的潜能；全面发展人的素质；主张合理的个性发展；保证人最基本的身心质量。依照素质教育的实质与社会对国民素质的要求，我们认为，在体育学科中素质可解读为：身体素质＋深层素质的可能领域＝体育素质。

在"健康第一"理念日益成为当今学校体育教学主导思想的今天，"体育素质"这一提法也显然超越了身体素质的范畴，而形成了一个包括身体素质、心理素质、认知素质等在内的层次分明的整体。对这一整体的规范应该考虑以下几个方面：

首先，体育素质教育所关注的内容，绝非仅仅是身体素质，而应是最大限度地扩展张力，利用体育学科特有的优势，尽可能地发展学生各项素质。体育素质与教育素质势必有内容上的交叉与融合。

其次，体育教学所规定和培养的学生体育素质，是与整个社会需求密切联系的一系列品格的总和。对学生体育素质的探讨，必须考虑到社会因素。脱离了这一前提，就难免素质教育的盲目性。而社会处于永动不息的发展之中，也就决定了学生体育素质不断发展、持续变化的动态演化特性。

另外，学生的体育素质系统具有层次分明的结构。从系统内部来看，学生体育素质系统的发展就是要实现层次间的不断跃进。体育素质教育的任务，就应该在于如何提供适当的外部控制参量，以使这一跃进过程顺利实现。

体育素质除了能涵盖身体素质，同时还兼容了技能以及健身、强身与养生的志趣和能力。将体育素质作为素质教育思想在体育课程中的教学目标，是近年来体育理论上的一种创新。这种理论创新进一步拓宽了人们的视野，理顺了体育教学的一些特殊规律：体育课程内容的主体是运动动作，学生学习的是身体练习，发展的是体能和技能；体育教学的社会学特点是学生不会成为"孤独的个体"，即体育课堂具有"社会场力"，可以发展学生的角色素质；体育教学组织中的"竞赛性事件"，能让学生在竞争与合作中，体验理想的道德生活，分享与共承，完成人格与道德品性的提升。

体育素质系统的层次结构

学生体育素质的层次结构，是由基本素质、发展素质和创新素质三个层次构成的。第一层次的基本素质包括学生强健的体质、良好的意志品质等；第二层次的发展素质包括学生的运动能力和非智力因素；第三层次的创新素质则以知识结构、运动智能和一般智能为其组成要素。低层次素质跃迁到高一层次素质后，原有层次并非消亡或停滞不前，而是在已形成的更高层次的协同和支配下，继续其量变过程，为系统向新一轮更高发展层次的跃进积蓄力量。因此，高、低层次之间是一个互为前提、共同发展的辩证关系。

（1）基本素质

学生体育素质的基本性，是学校体育所培养的学生必须具备的最为基本的素质，也是社会需求对体育教学所提出的最基本要求。它包括学生强健的体质和良好的意志品质两个方面。强健的体质既是特指运动训练学意义上的身体素质发展，也泛指解剖、生理学意义上的学生身体形态、身体机能、身体耐受能力及身体抗疾病能力等各种身体素质，它是学生学习、生活及适应社会的基础和前提，特别是在当今高度信息化的社会中，面对纷繁复杂的各种信息，学生必须保持充沛的精力和敏捷的思维，没有强健的体质是不行的。而体育这一以"体"为中心的学科首先要解决的问题也正是发展学生的体质，因此将强健的体质列为体育基本素质的范畴是合理必要的。

将良好的意志品质归为体育基本素质的层次，是因为良好的意志品质往往是学生良好素质形成的支柱和动力，它能有效地协同其他素质，形成合力，促使学生更好地完成运动和锻炼，为素质系统的演化保驾护航。强健体质的形成依赖于体育教学中的基本身体训练，而优良的意志品质则依赖于教师在体育教学过程中对学生进行的培养。

（2）发展素质

发展素质是指学生的运动能力和非智力因素。它们是在基本素质基础上形成的，同时又是创新素质的基础。拥有强健的体质并不等于同时拥有了运动能力。运动能力一方面能够使学生正确地进行身体练习，促使身体各部分的协调运动，从而不断促进体质的发展；另一方面则使学生较为准确地认识和理解体育运动本身，不断构建其身体技能体系，促使其体育知识结构和运动智能的不断完善。非智力因素是学生对待自然和社会的态度以及在解决问题时起动力支配和情绪调控作用的个性心理，它包括兴趣、意志、需要和情感等。

非智力因素建立在思想品质基础之上，发展于身体练习过程之中。而它一旦形成之后，又会充实、丰富思想品德的进一步发展，规范、引导着身体练习的过程。同时，非智力因素对知识结构的形成、智能的发展也有一定程度的影响和制约。因此这一层次素质起到的是"承上启下"的作用，这也是我们将其命名为发展性素质的根本原因。

（3）创新素质

素质教育本质上应该是创新教育。学生只有从基本素质出发，发展到具备了创新素质，能够自主地进行创造性工作，素质教育的目标才算真正落实。对体育素质教育而言，就是要使学生具备合理的体育知识结构、运动智能和一般智能。知识结构是学生从事创造性工作的基础，它不等同于知识或知识的堆砌，而应是依据知识的内在联系所组织起来的纵横交错的知识联合体。它的形成是学生在运动实践和非智力因素协同作用下，主体自我构建的结果。智能是智力和能力的结合，是保证学生有目的的适应、选择和改造客观环境中心理活动的总称。

在体育素质教育的视野中，学生的智能又可分为一般智能和运动智能两个方面。前者是学生通过体育教学发展起来的具有普遍意义的观察力、想象力、思维力和记忆力等智能，主要在体育理论知识的学习中实现。后者则是指与身体运动相关的运动适应能力、运动感知力、运动记忆力和运动思维能力等几个方面，它是体育创新素质的核心和方向。

体育课程目标达成的途径探索

近年来，不少专家从不同角度对如何根据《纲要》精神进行高校体育课程改革进行了许多有益的探讨，研究涉及新课程建设的指导思想、内容体系、教学方法及学习评价等，成果令人瞩目。但是，随着课程改革的逐步深入，构建有利于体育素质教育目标达成，符合《纲要》精神及学校自身特点的体育新课程体系已成为高校体育界同仁的新目标。

（1）实现从"课程本位"向"以人为本"的转变

长期以来，由于"以教师为中心"、"以课程为中心"等传统教育思想的影响，高校体育课程设计的主体精神所展现的是设计者的思想，没有面向学习者，使课程内容、教学方法、学习评价等课程要素均程度不同地体现出"重物轻人"的特征：在课程内容安排上，重科学、轻人文，只考虑体育运动项目本身内容的完整性，且规定过死，选择性差，内容的综合性差，影响了从生物、心理、社会三个方面整体培养"完整的人"；在教学组织形式上，统一要求或限定选修的课程多，任意选修和区别对待的课程少；在教学方法上，沿袭了一条单向传习式的"师传—生受"模式，特点是"教师主动与主导，学生被动与接受"；在教学评价上，见物不见人，就体育论体育，以一把尺子衡量全体学生。

实践证明，这种知识型、接受型的课堂环境，容易忽视人性，忽略人的情感需要，忽略学生对科学知识的人文体验和感受，难以激发学生的想象力和创新潜力。当代教育学认为："不断提升人的地位，是教育发展的基本走向。它反映在四个方面：教育即发现人的价值，教育即发掘人的潜能，教育即发挥人的力量，教育即发展人的个性"。这一观点的内涵与当代人文主义课程的特征相一致，即："以追求人的和谐发展为目标，希望人的本性、人的尊严、人的潜能在教育过程中得到实现和发展"。这应成为我们当前确立"体育课程促进学生主体发展"的教育理念。

（2）实施"课程目标统领课程要素"的改革策略

"课程目标统领课程要素改革策略"是指构成课程体系的各子系统均以实现课程目标为出发点和归宿，在依据课程目标进行各局部改革后，通过理论整合和实践运用，最终实现课程体系的整体优化。

实施"课程目标统领课程要素改革策略"的原因主要是：首先，课程目标统领课程要素是课程改革必须遵循的规律，因为课程目标既是课程教学理论的直接体现，又是课程编制的起点和归宿。依据并强化课程目标在课程体系改革中的作用，真正做到课程体系各要素均服从、服务于课程目标，这是课程改革实践应始终坚持的基本立场。其次，《纲要》颁布实施两年多来，尽管已有不少课程改革的研究成果，但对课程体系局部研究的多，且视角不同。

实施"课程目标统领课程要素"的改革思路是首先要辨析高校体育课程目标领域及各领域课程目标的内涵；其次要构建、采用与课程目标内涵相对应的课程内容体系，并设计、运用符合课程目标内涵要求的课程教学方法；最后要建立、实施体现课程目标所达成的学习评价机制，全面促进课程目标的达成。总之，要推行高校体育新课程体系的整体改革，应有一个整体的视角，这就是以《纲要》对新课程规定的身体健康、心理健康、社会适应、运动技能、运动参与等五个领域目标为起点，审视和改革原有课程体系，再结合校情、生情等学校特点，以实现五个领域的课程目标为主线，构建新的课程体系。在此基础上，逐步实现课程体系的整体优化。

（3）构建以"生理和社会适应"整体为目标的体系

课程目标应注重完整性、人文性，强调学生的全面发展。课程是为了培养人和教育人而产生、而发展的。体育课程本身蕴涵着丰富的精神思想和人文因素，且教育效应是多层面、多方位的。它对学生形成乐于奉献的人生价值观，乐观主义的人生态度，良好的交际观、友谊观、成才观等都具有重要作用。因此，在学校体育教学中，课堂教学不仅要重视学生掌握基本的运动技能和增强体能，而且应把培养具有健康、丰富、和谐个性的人，作为教学的首要追求，充分体现人的价值，使学生更加自由、全面的发展。全面发展也包括学生内在的心智发展及创造精神与能力的养成。强调体育教学对学生个性的陶冶，体现出包括体育知能观、体育价值观、体育意志品质等在内的精神培养，使人的生物水平、知识水平和心理水平协调发展。

课程内容应体现综合化、生活化、现代化。学校体育课程的功能是多样的，多种功能之间有时是不够协调的，甚至是矛盾和冲突的。学生对体育的需要本身也具有多样性与矛盾性。这就要求人们对体育课程价值和内容加以整合，构建具有综合化、生活化、现代

化的教材内容，优化课程结构。审视以往学校体育的教材内容，在很大程度上，过于封闭、单一，忽视了对学生独特个性和多样性的尊重和提倡。因此，人文体育教育内容体系是建立以人为本，注重健身，发展学生个性，培养体育能力，形成锻炼习惯为中心的新内容体系。它在不轻视体育生物功能的同时，重视体育对人的社会化作用和文化传递功能。它突出健康目标，强调体育不仅是锻炼身体，更重要的是让学生学会适应环境、学会生存，提高生活质量和生活品位，为终身体育打下良好基础。

教学方式应是师生间的平等、互动、民主、和谐。注重师生平等、互动、民主、和谐，表明了学校体育从忽视学生发展向关注人的发展的转变。学校体育与健康课程教学应当视学生的学习过程不是直线式的被动接受，而是一个主动参与和探究的过程，即师生之间只有价值的平等，而没有高低、强弱和尊卑之分。教师的责任是建构一种能调动学生积极性、主动性、创造性的学习氛围及背景；学生的学习完全是探究性的、建构性的，而不是完成规定的任务。在教学中师生始终处于一种相互协商、相互理解、民主的教育氛围，这就意味着，教师和学生都是作为主体而进入教育过程。在教学中要面向全体学生，关注个别差异，使每个学生在自己的基础上都能得到进步并通过学习过程学会学习。

建立新的学习评价机制。为激励学生发展，在评价观念上，应强化激励、发展功能；在评价内容上，由单一的"生物"领域扩展到"生物、心理、社会"等多领域；在评价标准上，由定量性、绝对性评价变为定量、定性相结合，绝对性和相对性相结合；在评价方法上，由教师评价变为学生自评、互评与教师评价相结合，过程性与形成性评价相结合。通过有效的课程学习评价，必将激励和促进学生的进一步发展。

11. 学生身体素质下降的原因与建议

素质教育与社会经济文化发展密切关联，国民教育和终身教育，是各级各类教育的全过程和各方面，是学校教育的永恒主题，也是家庭教育、社会教育和个人终身的核心。从实际情况来看，影响学生体质下降的因素主要是运动不足，而这些问题又有着广泛的社会、学校教育、家庭等原因。

学校教育的原因与建议

学校的教育方针是使受教育者在德、智、体等方面得到全面的发展。但在过去"应试教育"的影响下，教育未能得到全面的贯彻和落实，学生的身体素质未能得到全面的发展与提高。从"应试教育"向"素质教育"的转变过程中，素质教育从本质上来说是全面发展的教育。

在多年的实施中，在应试"问题"上未能有实质性的变化，主要体现在中考、高考的指挥棒上，它的主要指向是文化成绩方面，而非"全面"的提升，在这种的教育过程中，体育教育和教学未能摆脱，正如我们所说：学校体育"说起来重要、做起来次要、忙起来不要"的现象，这一现象未能摆脱，是使学生身体素质下降原因之一。

建议：改变学校体育"说起来重要、做起来次要、忙起来不要"的状况。努力改变从"应试教育"向"素质教育"转变和认识，树立"健康第一"的指导思想，加强学校体育工作力度，加大中考体育加试分数的比例。明确德、智、体三方面的关系和作用。

学校体育教学中，由于体育课程改革，在"以人为本"的思想指导下，在实施的过程中出现了偏差，人们更为关注的兴趣、娱乐、休闲、舒适，一些费力气、拼毅力的运动练习，不受学生青睐，现在的学生顽强意志的信心和品质变弱了，怕苦怕累，碰到困难时服输。因而，在教学上很难开展，从而使学生身体素质下降。

建议：给学生营造一个轻松、愉快的课堂氛围和提高学生兴趣，让学生在课堂玩得开心是上好课的前提。但不要忽视体育知识的掌握、课堂中素质练习和学生刻苦锻炼精神的培养。

学校的安全问题，一直是困扰学校和体育的一大隐患，也是学生安全的生命线。由于在社会和学生家长的影响下，在学校的安全问题上，学校的管理出现过激行为，学校对安全和"安全第一"的思想是正确的。但体育运动与伤害事故存在着一定的关系，在做好各种安全防范措施下，参加体育运动难免会发生伤害事故，特别是一些对抗性、身体接触的运动。当出现意外事故，体育教师、学校要负担一定的责任，特别是在一线的体育教师。因此，有相当数量的体育教师由于过分担心学生在体育课上受伤，怕受到学校和家长的指责和承担一定责任，于是体育课小心谨慎，不敢让学生放开进行体育运动。为了学生的安全，只好损害学生健康。在体育课中，学生发生伤害事故，是体育教师承担很大责任。易出现伤害事故的运动项目，体育老师怕上，怕承担事故责任。

建议：如何对待体育运动的"安全事故"的发生，我们应当尽可能减少体育伤害事故发生到最低程度，不出大事故。但体育运动与伤害事故存在着某种必然的关系，和人们所说一样"防不胜防"。我们要从思想上重视运动中的安全问题，做好各种安全措施，力求使运动伤害事故降低到最低限度。另一方面，要解决社会和学生家长对学校（学生）出现事故的认识。据了解，在外国一些国家，学生在课堂和体育运动时出现意外伤害事故，都由保险公司负责解决，家长从来不认为学校或教师有什么不对。在我国学生保险问题能否学习"机动车强制险"一样，值得教育部门思考。另一方面，体育教师或学校无权以避免发生意外伤害事故为由，随意减少教学内容或体育活动。不要牺牲学生一生健康为代价，换取一时的平安。

体育竞赛、活动方面，组织各种体育比赛和活动是促进学生体质提高的有力手段。因组织体育竞赛和体育活动少，是影响学生身体素质下降原因之一。

建议：市、镇、学校开展多种多样的体育比赛和活动。

社会的原因与建议

学校体育是影响学生体质和健康的因素之一，但绝不是全部。随着社会生产的发展，物质日益丰富，生活水平不断提高，为人们健康地生活打下良好的物质基础。

现在的学生养成了想吃什么就吃什么，吃多少就吃多少，导致营养过剩和营养结构不合理，因而，导致学生的肥胖症或营养不良。

社会交通运输业的发达，给人们出行带来了极大的方便。但现在学生上学，全由公共汽车、私家车和校车代之，学生步行的机会少了。

"独生子女"是影响体质和健康的因素之一，由于独生子女较多，独生子女在家活动少，再加上电视、网络日趋普及，许多学生沉迷于此，花费了大量的时间与精力，侵占了身体活动的空间，学生锻炼身体的时间越来越少，特别是对学生的视力影响尤为严重。社区体育设施和体育活动缺失，是造成学生体质下降不可忽视的原因之一。

建议：学生的体质是需要社会的关注和支持，要充分认识到物质条件与健康的关系，要充分利用条件为健康服务，不要起负面的影响。社会要多配置体育设施和多搞一些与学生为主的体育比赛和活动，特别要充分利用好学生的两个假期组织开展体育比赛和活动。明确体育是培养他们团结、合作、坚强、献身和友爱的高尚情操的活动。更是培养他们自强不息精神和吃苦耐劳意志的有效途径。

社会的原因与建议

学生在不同的家庭表现不同的个性，但在子女的教育问题上存在共同点，这些共同点，对影响学生身体素质尤为重要。

家长溺爱子女，现在的学生绝大多数是独生子女家庭出身。由于父母非常溺爱自己的子女，使不少独生子女表现得脆弱、缺乏毅力、没有恒心，不愿意进行艰苦的体育锻炼。

望子成龙，忽视体育的重要性。在现今的社会里，由于在一考定终生的高考的影响下，学生家长往往过分着重孩子的文化成绩，存在重智育、轻体育，重营养、轻锻炼，重技能、轻体能的倾向。

建议：爱子女是人的天性，过分溺爱，其实是伤害。特别是对品质、毅力、没有恒心、思想脆弱、怕苦怕累影响较大，爱要有分寸。作为家长要多鼓励和支持孩子多一些时间参加体育运动和社会活动。

由于家长在"一考定终生"的影响下，自觉不自觉地将子女的精力放在追求升学、文化成绩，忽视了体育锻炼对人体的重要性和德、智、体三方面相互关系的认识。蔡元培先生曾经说过，"完全人格，首为体育"。

总之，学生体质下降有其复杂的社会、学校教育、家庭原因，需要我们重视，更需要正确的认识和支持。需要社会关怀、教育体制、生活状态、意识行为等多元素的共同努力。学校教育要不断发展和完善，学生体质问题，学校教育是最直接、最重要、最有望尽快得到改善的因素。

12. 提高体育素质教育的方案

提高学生身体健康水平这一迫在眉睫的难题，要求高校体育工作者必须加强素质教育改革的实施，打破传统教育模式，根据学习目前的发展水平和潜力，注重培养学生健康意识，实施丰富多彩的体育教学模式，扶持各项体育协会的开展，把阳光体育落到实处。

加强教育者队伍建设

学校应加强师资队伍建设，提高教师综合素质，要制定一套可行性的奖罚制度，在专业素质、备课和授课能力等方面进行定期检查，定期评比，以促进教师的工作热情，一堂好的体育课不仅能锻炼身体，愉悦心情，同时还能培养学生的团结协作能力，激发学生积极向上的学习热情，使他们爱好体育，爱好生活。相反，消极的体育课不仅是浪费了学生45分钟的时间，同时，也会使学生形成不思进取、敷衍了事的学习风气。所以，师德、师风的建设是提高教学质量的前提。

建立有序的课程体系

虽然很多高校已经采取了分项教学体制，但在实际运行中，很多学生因为过多的限制不能选择自己喜欢的项目，在相同项目中教学内容相同、考核标准一致，使得身体素质好的同学"吃不饱"，身体素质较差的同学"完不成"，即使做了最大的努力，也无法步入优等生的行列，这一事实，打击了先天素质较差学生的运动积极性。我们应该加强对学生提高幅度方面的认可程度，使考核标准与学生身体条件及原有运动基础相联系，这样既能使学生获得成功的体验，又能够对学生的进步和提高进行鼓励，从而激发和保护学生的运动自信心，使各层次学生均能有较好的发展。

课堂内外体育的结合

学校应扶持学生组建各项体育协会或课外体育活动，大部分高校的学生自发组建了不同的体育协会，虽然收费很低，但参加人数还是很少，坚持锻炼的学生更是少之又少，相关部门应选派各项骨干教师进行协会和课外体育锻炼的指导，并定期评比，对于参加的同学也应该建立公开评分体系，促进和鼓励学生组建各项体育协会，并在场地和设施上给予大力支持，让学生自主制定规章制度，通过各种形式吸收会员，进行比赛和实践，这不仅可以达到体育教学的效果，激发学生的学习兴趣，促进体育锻炼习惯的形成，也全面提高了学生的综合素质，丰富了校园体育文化，使校园体育运动向多元化方向发展。

确认学生教学中地位

学校应当重视学生在教学中的主体地位，素质教育是尊重、发挥和完善学生主体性的教育，从培养学生体育意识、尊重学生按照个人爱好自选体育课，鼓励组建和参加体育协会等方面来看，都是在培养学生自我意识和促进体育习惯的形成，实现自主运动，终身体育的目标。这一观念的转变，有待制度的确立和执行的力度，需要上下齐心协力，共同完成。提高大学生的健康水平是我们每一个体育工作者的责任，在不同时期要建立不同的教学模式，重在根据学生不同的发展水平，促进其更好、更快发展。教育观念的转变和提高是高校体育实施好素质教育的关键，这需要所有相关部门的共同努力。

13．增强学生身体素质的方法

健康体魄是青少年为祖国和人民服务的基本前提，是中华民族旺盛生命力的体现。学校体育要树立健康第一的指导思想，切实加强体育工作，使学生掌握基本的运动技能，养成坚持锻炼身体的习惯。

从改革教学组织形式入手，打破单班教学模式，实行多班男女分组分项教学模式；由单一教师上课，改变为多位教师分专项上课；由一种上课方式，改为必修和限项选修相结合方式上课。本课题的试验已进行了近三年，为更好、更进一步地探索和科学地运用教学模式，使学生形成终身体育的习惯，我们在理论和实践中将更深入的探索。

发展学生身体素质的目标

中央把"健康第一"确立为学校教育的指导思想，使过去一个世纪来中华民族体质薄弱所受屈辱，于今天我们要强国强种振兴中华的历史呼唤；是一百年来我国学校体育教育正反两方面经验的总结，是推进素质教育培养德智体美劳全面发展人才的必然要求。

转变传统教学中过于注重知识传授，技能训练的倾向。树立"健康第一"的思想目标，培养学生终身体育意识，使学生获得基础知识和基本技能，学会学习和科学锻炼身体的方法和手段，形成身心健康的同步发展。

明确和树立新的教学观，强调学生学习主体地位的体现，充分发挥学生的体育特长和学习潜能，建立平等、民主、和谐、愉悦的师生关系。

引导学生主动参与教学，学会自主学习，学会发现问题、提出问题、解决问题，培养学生创新意识。

把教师的教育观从传统的教学方式转移到多方位教学方式上来，使体育教师成为一个体育健身的指导者，协调者，更是一位参与者，教师与学生共同研究、练习、游戏的同时，培养其高尚的思想道德品质。

发展学生身体素质的任务

为了实施素质教育和树立"健康第一"的指导思想，转变片面强调教师主导作用的观念，树立既强调学生的主体作用，又充分发挥教师的主导作用的观念。

首先，提高学生的健康意识，发展学生素质，促进学生身心健康发展。其次，通过体育要教会学生掌握基本的体育卫生知识，基本的运动技能和技巧，基本的健身方法和手段，使学生养成锻炼身体的习惯。再次，学校体育必须作为德育的一个方面，通过体育教学和比赛培养学生的道德品质和爱国主义精神。最后，发展学生的个性。个性是人性的闪光点，对于中国学生来说，更具有重要意义。

在全面发展学生整体素质的同时，发挥学生个人特长，在自己感兴趣、爱好的项目上有更高层次的发展，达到终身体育的目的。

发展学生身体素质的原则

明确和树立新的教学观，强调学生学习主体地位的体现，充分发挥学生的体育特长和学习潜能，建立平等、民主、和谐、愉悦的师生关系，那么发展学生身体素质教育要遵循哪些原则呢？

（1）科学性原则

体育创新模式的构建要进行全部的科学论证，对实验过程的管理要科学化，加强过程监控和资料的积累。

（2）主体性原则

教师要支持与引导学生自主学习，要激发学生思维的主动性。

（3）发展学生个性原则

实验课地开展，既要有共性，又有个性，学生根据自己的爱好选择，于是学生个体优势特点得以发展。

新的教学方法强化了学生的主体作用，注重学生的潜在能力，使学生爱好、特长得到充分的发展，促进了学生个性品质的发展。实践证明："全面发展学生身体素质与培养学生体育特长教学模式"是较科学的，是合理的、可行的，具有可操做性，是培养学生健康心理品质、促进学生个性和生理发展的最佳选择。

14. 开展阳光体育的实施办法

怎样结合自己学校的实际情况组织开展阳光体育活动，把素质教育扎实有效地落实在具体的学校日常教育教学工作之中，已经成为学校教育工作者面临的重要课题，把学生的健康意识放到首位，加强学校的组织领导协调工作，制定完善的体育活动卫生安全制度，营造良好的活动环境和活动氛围，坚持以体育教学为基本平台，配合学校组织的丰富多彩的体育活动，把学生身体素质教育落实到具体工作实处。只有这样，学生才会真正享受到体育运动的快乐，锻炼了身体，增强了体质，确保每天锻炼一小时，健康生活五十年，幸福生活一辈子。

提高思想认识

开展阳光体育活动，学校领导首先要有思想认识的高度。学校主要领导要组织各部门认真学习"教育部关于学习贯彻《中共中央国务院关于加强青少年体育增强青少年体质的意见》的通知"、"教育部、国家体育总局、共青团中央关于开展全国亿万学生阳光体育运动的决定"文件，领会文件精神，进一步提高认识，转变观念，从根本上认识到提高学生体质健康水平的重要性，特别要注重对学生的健康教育，使学生在思想上正确认识到健康的重要性，培养他们自觉参加体育锻炼的意识。

建立专门机构

学校必须成立阳光体育运动领导小组，由主管校长担任阳光体育活动领导小组组长，副组长，成员由德育处、班主任、体育教师、校医组成。此外，还必须要明确具体的任务和职责。比如，主管校长亲自主抓此项活动，体现了学校对阳光体育活动开展的重视程度，各部门就不敢怠慢。德育处配合体育组组织协调开展活动，体育教师在制定落实方案的同时给予技术指导及活动的设计，班主任积极参与组织学生参加活动，从上到下形成团结一心的良好局面。

完善规章制度

按照阳光体育活动实施方案，学校阳光体育领导小组将不定期对各部门进行检查、督促，完成较好的，给予表扬鼓励；对不能完成目标任务的，要通报批评，并与年终考评挂钩。

在学校领导小组的统一安排下，总务处积极配合，将学校体育专项经费纳入年度预算予以保障，并将做到随着教育经费的增长同步增长。按照《国家学校体育卫生条件试行标准》，合理配备专业的体育教师，完善相应的体育场地，按照学校的班额配齐体育器材，力争达到标准和要求。

体育场地体育器材由总务处、体育教研组具体负责定期维护，预防学生在锻炼中由于器材问题出现意外伤害事故，学校建议各班鼓励学生购买意外伤害保险，为学校处理好意外伤害事件提供必要保障。

营造体育氛围

学校要加大学校体育工作的宣传力度，营造有利于学校实施素质教育、开展阳光体育活动的氛围。制定详细的宣传计划，学校要充分利用学校广播站、学校文学社团，宣传板、手抄报报栏、校园网等各种宣传工具和手段，开设专题栏目，大力宣传阳光体育运动，广泛传播"健康第一"的思想和健康理念，使"每天锻炼 1 小时，健康工作 50 年，幸福生活一辈子"的理念深入人心，唤起全校师生对健康的关注。通过宣传，引导广大学生自觉走向操场、走到阳光下、走到大自然中，积极参加体育运动。在宣传中，树立学校体育工作的先进典型，推广班级的先进经验，以此带动更多的班级和学生参与到阳光体育活动中。通过宣传和普及科学健身、科学用眼、科学营养等科普知识，为在校学生参加体育锻炼、建立文明健康的生活方式提供科学指导。

内外活动结合

学校在继续执行国家关于每周 2 到 4 节体育课的基础上，认真组织每周 3 节体育活动课。体育教研组要积极认真开展好体育教学活动，更新教学理念，实施新课程方案，在体育课中进行游戏类，体操，韵律操，集体舞，武术操，队列和各种田径活动，激发学生学习体育的兴趣，使学生在校期间至少掌握一到两项锻炼技能。并要更加注重对学生加强"健康知识教育和科学健身理念"的培养，把课外活动纳入学校教育教学计划，并安排体育教师进行课外活动辅导、训练，对参与课外活动辅导的体育教师按相应时间计算其工作量给予奖励，确保体育教师的合法权益，激发体育教师的工作热情。

要不断完善《国家学生体质健康标准》测试结果记录体系，建立《国家学生体质健康标准》测试报告书制度，及时掌握学生的身体健康情况，如实反馈学生体质健康状况。

开展体育活动

学校开展阳光体育运动除了以体育课这些主要载体外，还要开展更加丰富多彩的体育活动。譬如，计划每学年第一学期举行校园韵律操，广播操和武术比赛、队列比赛，跳长绳小绳比赛、冬季小足球比赛，踢毽子比赛，常规性的冬季健身长跑，第二学期举行篮球联赛、乒乓球联赛、拔河比赛、夏季运动会等。利用这些大型体育比赛和娱乐活动为有效载体，培养学生运动健身理念，激发他们户外活动和体育锻炼的兴趣，体育教研组、各班都要制定出切实的活动计划，争取做到"人人有项目，班班有安排，月月有比赛"，从而使更多的学生加入到阳光体育运动中来。

合理安排时间

学校应当每天组织住校生早锻炼，内容以班级为单位跑操，时间为15到20分钟左右，建议走读生每天走步上学或者放学。

冬季每天上午组织学生在课间操时间，进行冬季阳光体育长跑活动，配上节奏适合的儿童歌曲，如《赶圩归来啊哩哩》《天地之间的歌》《我心爱的小马车》等，有节奏感的慢跑是一种最好的有氧运动，时间为15到20分钟左右为宜。

上好每个年级每周2到4节体育课，组织好各年级每周2节课外活动。活动课时间要科学安排，调整与当天体育课错开，做好各年级长跑特长生早晚训练时间安排。做好各种活动的记录，及时分析总结成功与不足。

做好安全教育

体育活动的目的就是促进健康、增强体质，如果在活动中发生了伤害事故，就违背了体育锻炼的宗旨，因此在组织学生活动过程中应十分注意安全。

要经常检查场地、器材，发现不安全因素要及时采取措施。检查运动场地和跑道是否平整无坚硬杂物、沙坑沙质是否符合标准，有无杂物、单双杠、组合器械是否牢固等。

要教育学生按照运动安全的卫生要求，加强自我安全保护，锻炼时要穿运动鞋，服装一般要求宽松适合，禁止将胸花、别针、小刀等尖锐锋利物品放在衣服口袋里以免发生伤害事故。

要做好准备活动和整理运动，人体各器官机能都有一定的生理惰性，而准备活动可以提高人大脑皮层神经细胞的兴奋性，克服人体机能活动上的惰性，协调各器官系统的工作，为参加剧烈运动做好准备；另外，做好锻炼前的准备活动，会使人体体温略为升高，肌肉和肌腱的粘滞性减少，弹性和伸展性增强，避免伤害事故的发生。当活动结束时，应组织学生做好整理运动，这可使人体恢复平静，消除疲劳，使紧张的人体机能放松，尽快适应下一阶段学习的需要。

做好医务监督

医务监督是指用生理卫生知识和医学知识对自己参加体育锻炼后的身体健康和身体机能进行监护，预防锻炼中各种有害因素可能对身体造成的危害，通过自我检查，了解对锻炼内容和运动量的适应情况，为今后的体育锻炼提供依据。

阳光体育活动是一种深入学生学习生活实际，造福学生身心健康的最有意义的群众性体育活动。通过开展阳光体育活动，磨练少年儿童的意志品质，培养良好的锻炼习惯，有效提高学生健康体质水平。要认认真真，扎实有效地开展阳光体育活动，学校领导必须具备高瞻的战略眼光，持之以恒的组织活动态度，把学生的健康意识放到首位，制定完善的体育活动卫生安全制度，营造良好的活动环境和活动氛围，在活动中，坚持以体育教学为基本平台，配合学校组织的丰富多彩的体育活动，各部门齐抓共管，才把阳光体育活动真正落实到具体工作实处。也只有这样，阳光体育才不会成为一纸空谈，学生才会真正享受到阳光体育运动的快乐，锻炼了身体，增强了体质，才能更好地服务于祖国的明天。

15. 学校体育实施素质教育的途径和方法

素质教育是作为应试教育相对立的概念提出来的。在我国的教育实践中，客观存在着偏离受教育者群体和社会发展的实际需要，单纯为应付考试争取高分和片面追求升学率的一种倾向，我们把它叫做应试教育。学校体育的应试教育主要反映在重视以参加比赛为主的校运动队训练，忽视大多数学生的体育教育，我们称为"应赛教育"。国家关于深化教育改革全面推进素质教育的决定对素质教育的涵义作了明确的界定，即素质教育以提高国民素质为根本宗旨，以培养学生的创新精神和实践能力为重点，坚持面向全体学生，为学生的全面发展创造相应条件，造就有理想、有道德、有文化、有纪律的德、智、体、美、劳全面发展的社会主义建设者和接班人。

全面推进素质教育是我国教育领域的一场深刻变革，也是学校体育教育思想观念上的一场变革，思想观念的转变是实施学校体育素质教育的前提。结合教学实践，总结了几点利用学校体育实施素质教育的途径和方法：

更新学校体育教育思想观念

实施素质教育是我国近代学校体育思想观念的一次重大变革，也是我国学校体育系统性、整体性、实质性的改革。首先，学校体育要树立健康第一的指导思想，通过体育教育使学生在身体、心理和社会等方面都处于良好状态。其次，树立面向全体学生以促进学生全面发展为本的现代学校体育教育观，学校体育必须冲破以竞技运动为中心和片面追求金牌的模式，力争吸引全体学生积极参与体育锻炼和各种健身活动。再次，树立终身体育观，重视培养学生的体育态度、兴趣、习惯，使学生终身享受体育的乐趣。最后，树立学校、家庭、社会全方位对学生进行体育教育的观念。形成以学校为主，家庭和社会为辅的一体化体育教育模式。

健康教育作为学校体育的重要任务

健康的体魄是青少年为祖国和人民服务的基本前提，是中华民族旺盛生命力的体现。由于"应试教育"的影响，目前我国学生的健康状况仍令人忧虑，超重和肥胖学生达7.3%，学生近视率居高不下，特别是心理障碍的学生数量不断增加。如何将健康教育贯穿在学校教育和学校体育之中，让学生拥有健康的体魄，这是新世纪学校体育卫生工作者应努力探索的新课题。

重视培养学生体育学科能力

在教学过程中，教师必须首先唤起学生强烈的学习动机、浓厚的学习兴趣和积极的学习态度，并在这个过程中主动练习，掌握各种技能，最后达到认识和理解。体育学科能力主要包括主动学习能力、创造能力和体育运动实践能力，培养学生体育学科能力是学校体育全面实施素质教育的重要课题。因此，不应局限在体育教学，应在课外体育、家庭体育和社会体育中全方位进行。

调整课程结构，改革教育方法

学校体育素质教育树立起新的思想观念之后，必须要有一整套教育措施和方法。首先，要构建新的学校体育和保健课程体系，小学低年级以运动教育为主，引导学生积极参加各种体育活动，对运动教材进行加工，使其游戏化，通过各种游戏使学生体验到体育活动的乐趣；小学高年级以目标学习和自主学习为主，逐渐培养学生对运动的兴趣、爱好和基本活动能力；中学生逐步实行选修课程，并随着年级的提高逐渐扩大选修范围，让学生掌握体育锻炼和保健的方法，形成自我健身的技能和自我评价的能力，具有终身从事体育活动的意识和本领，提高身体素质和保健水平。其次，是更新教学内容和改革教学方法，使之成为立体化教学。最后，学校体育要建立一套学生科学发展的评价、监控体系，注重学生过程评价，变静态评价为动态评价，实行学生素质发展综合记录。

总之，学校体育实施素质教育既是一场变革也是一个系统工程，更新学校体育教育的思想观念，建立新的学校体育课程目标体系，更新体育教学内容，改革教学方法和评价，使我国学校体育展现新的风貌。

16. 提高学生身体素质的练习

当前素质教育的目的是使学生在身心两方面得到发展，具体包括身体素质、心理素质、文化素质、思想品德素质。其中身体素质主要是体现人体体质水平的标志，是人体各种器官在体育活动中表现出来的速度素质、力量素质、灵敏素质、柔韧素质等方面的能力表现。所以一个人体质的好坏，也体现了身体素质水平的高低。好的身体素质是学习和掌握基本技术、技能、提高运动水平的基础。所以要结合学生的实际情况来对速度、力量、柔韧、灵敏等有关练习项目及相关动作进行纠正，对练习方法进行探讨。

速度素质的练习

速度素质是人体运动器官在最短的时间内完成较短距离的一项强度较大的快速运动，它能有效提高人的呼吸系统、心血管系统、肌肉组织的功能。初中学生练习的速度素质主要以五十米为代表，也是充分体现学生素质的一个主要方面。

（1）速度素质练习常见的错误动作

五十米快速跑根据评价要求男生必须在八秒内、女生在九秒内跑完全程方为合格。根据人体代谢的情况，是无氧代谢。因此在八秒内完成起跑、起跑后的加速跑、途中跑、终点冲刺四部分，因强度大，一部分学生因其他身体素质的影响而出现动作上的错误，其中最典型的是双手前后摆臂逐渐过渡到左右摆臂，也就是我们通常说的"扫地"式跑法。尤其是女生所犯的错误最多，也最难改正，往往会出现身体左右摆动，直线性差。

速度的快慢取决于步频和步长，而双手的摆动和步频、步长有着密切的关系。双手力量控制着跑动的节奏，同时也起着平衡身体的作用，原本双手前后摆动力的直线性原理可以使人在跑动中保持一条直线，也可以使跑动的速度得到充分提高，由于错误动作，手臂摆动使原本向前的力量被分到左、右边上，人体为了保持身体平衡，也就必定牺牲向前的速度来保持人在跑动中的平衡，这是速度练习为什么难以提高的一个关键。

（2）速度素质练习改正动作方法

根据学生实际情况，产生以上情况的主要原因是力量不足，所以习惯性做法，是在每次练习前进行双臂摆动练习，逐渐纠正摆臂动作，使同学们有正确的摆臂动作概念。

对女生特殊情况：在短时间、短距离内可以保持正确情况，因而采用10—20米距离快速跑，逐渐加大距离以达到逐步改进的目的。

对于左右摆晃的产生原因主要是由于低着头或仰着头跑、两腿用力不一致、双臂摆动幅度不对称、不协调。改进方法主要对比较弱的腿进行专门性练习，协调好双手臂力量，可持哑铃多做练习，也可以在跑道上沿直线跑。

速度的快慢除了手臂前后摆动因素外，还有腿部力量和跑动时大腿是否主动抬起、高度是否合适、带动小腿折叠充不充分，以及是否积极主动后蹬也是关键。在教学中常遇到的错误是大腿没有抬起，主动后蹬不足，以至在跑步时步幅小、无力、反应不快，达不到练习的强度。这些错误动作男、女生都有出现，但女生表现较为突出。

腿部素质的练习

根据学生力量不足情况，可以在原地支撑或行进间高抬腿跑练习，主要强调大腿高抬后积极下压，配合身体直线稍向前倾，也可以在斜坡和台阶上练习抬腿。对于后蹬不足，原因是髋关节力量不够，以及柔韧性差，使后蹬髋关节不能前送，腿蹬动作慢。所以要加强腿部、腰部练习，多做膝、髋关节伸直，跳跃练习，明确后蹬标准。

练习中一部分学生已具备了一定速度，但在跑动中有身体后仰的"坐式"跑法。这主要是腰腹力量不足，跑步中动作过于紧张所至，使动作不协调。

加强腰腹力量，多做由慢到快的加速跑和中速跑练习。强调跑时身体正直，使学生有个正确概念。

跑时蹬离起跑器无力以及起跑后身体过早抬起，影响加速度发挥。产生原因主要是起跑器与地面角度没有调整好。在做"预备"动作时，臀部抬得过高或过低。起跑后对加速度要领不明，腿部爆发力差。

纠正起跑无力、起跑后过早抬起身体的方法。调节起跑器角度，做好"预备"时动作要领，明确起跑后加速时身体必须前倾逐步抬起动作，加强腿部爆发力练习。

力量素质的练习

力量素质是完成动作时身体某部分克服阻力的能力。力量是人体主要身体素质，也是掌握各项运动技术，提高成绩的基础。发展力量素质练习有克服外部阻力和克服本身体重练两种。按照身体部位可分上肢、腰腹、下肢力量素质。在初中学生的力量练习中主要以实心球、俯卧撑、举哑铃等练习为主，在这以实心球为例。

投掷实心球作为体现力量素质主要项目，要求学生双手持球于头后面，利用双手作"反弓"动作，使身体超越器械，利用双手拉长做功距离，利用腰、腹以及腿部力量将实心球投掷出去。但在实际练习中，学生的动作有时双手不能充分后展，而是曲在头部后，身体不主动后仰，投掷时不能利用双腿的蹬力，双手、双腿不能协调，投掷的角度不正确。

利用肋木或低单杠让双手背向反握住肋木或单杠向前用力作鞭打动作，这样使双手在外力的作用下充分伸直，同时利用肋木、低单杠练习可以使身体作适当后仰，以增大用力距离，使双手用力和腰腹、双腿用力逐步协调。

对于球投出的弧度时，注意不能太早使球出手，如太早出手投掷出的球因角度太大，力量只是向上。但也不能太迟出手，太迟会使出手角度小，球只会向下掷，所以掌握好实心球出手时机也是关键，理想的出手角度在30度-35度左右。

为配合投掷项目练习，推举哑铃对发展上肢肌肉及胸、背各大肌群有较好的作用，在练习时出现错误动作主要是身体不能保持挺直，伴有左右摇晃现象，手臂伸举不到位，达不到练习要求。正确的方法是先从两脚站立开始，将哑铃提至肩际，再往上举至两臂完全伸直，同时吸气，稍停后还原呼气，可以采用交替推举、交替转肩推举，体侧屈手推举，单手原地推举，所有练习要配合呼吸进行。

灵敏素质的练习

灵敏素质是使人迅速改变身体位置、转换动作以及对周围环境的应变能力。是学生各种运动技能在运动中的综合表现，在生理学上属条件反射。

影响灵敏素质主要因素有：神经系统的机能是决定灵敏素质的主要因素，感觉器官功能也影响灵敏素质。灵敏素质有赖于已掌握运动技术、技能数量和质量。灵敏素质与其他身体素质有密切的关系，因为在运动中人体所进行的体位、动作迅速变换是以一定力量、速度和柔韧性为基础。灵敏素质还受年龄、性别、体重、疲劳等因素影响。

发展灵敏素质的方法：在垫子上做各种技巧性动作。如：各种翻滚练习、各种转体跑、转体跳练习、变换各种方向的跳动、障碍跑等练习，进行各种球类练习及灵活多变的游戏。

注意练习事项、明确练习目的要求，因为要提高灵敏素质必须提高大脑皮层神经过程的灵活性。通过各种信号改变身体动作的训练。多进行提高学生的观察、判断和反映能力练习。为了避免身体疲劳影响灵敏素质，一般都在体育教学或训练的前一部分进行。

柔韧素质的练习

柔韧素质是指人体各个关节活动可达到最大幅度能力，它取决于关节结构、关节周围组织体积大小、肌肉韧带的伸展及弹性。柔韧素质对掌握和提高同学们的运动技术，免除在运动中受伤和发展其他身体素质有着重要的作用。

柔韧素质练习可分一般柔韧素质和专项柔韧素质，一般柔韧练习是在进行身体素质练习时，为保证练习顺利进行所需要的柔韧素质。如：在进行速度素质练习时，为加大跑的步伐所要的腿部柔韧性，而进行的压腿练习等。专项技术所需要的柔韧性，如：艺术体操、武术中的劈腿、踢腿等。

影响柔韧素质的生理因素：肌肉、韧带组织的伸展性、关节面的结构、关节周围组织的体积、中枢神经对骨骼肌的调节能力。

柔韧练习种类：主动性练习是指通过与某个关节有关联肌肉收缩和放松来增大关节的方法。如：练习篮球运球时，必定进行手腕关节的活动。被动性练习是指依靠外力作用促进关节灵活性增大的方法。如：两人间的压肩练习在同伴的帮助下进行逐渐降低高度，这就是在加大动作幅度，拉长肌肉、韧带练习。

发展柔韧性素质练习的方法：上肢手臂、肩部柔韧性练习是进行手腕各关节旋转、压肩、拉肩、转肩、吊肩、双臂环绕练习，防止在球类、体操、武术等项目练习中减少损伤的准备活动，腰部柔韧性练习是以上体做前屈、侧屈、下桥练习，腿部柔韧性练习是采用压腿、踢腿、劈腿练习以加大腿部肌肉、韧带和关节柔韧性。

柔韧素质练习注意事项：因柔韧素质发展较快，一旦停止练习易消退，而且随着年龄的增大，柔韧性会降低，所以要持之以恒。

在做柔韧练习时，在拉长肌肉和韧带时会出现疼痛现象。故不能急于求成，要循序渐进。特别是在同伴的帮助下做被动练习时，更要小心，避免出现伤害事故发生。

做好充分的准备活动，以提高肌肉温度，降低肌肉的粘性。有利于柔韧性发展。柔韧性练习的教学最好放在早上和体育课前或训练前的准备活动中进行，在疲劳情况下不宜做柔韧性练习。

身体素质练习一般较为枯燥，通过对速度、力量、灵敏、柔韧做出的针对性练习，使学生有强壮的体魄、充沛的精力。要让学生真正认识到身体素质练习是进行各项体育运动的基础，除认真辅导练习外可采用丰富多彩的身体素质练习方法，并结合测试成绩来提高学生练习信心、激发学生练习积极性，通过对身体素质练习，学生在思想素质、心理素质上都得到提高，把素质教育推向深入。

17. 学校民族传统体育教学的作用

民族传统体育文化是中华民族文化的重要组成部分，是民族智慧、民族精神和民族性格的具体体现。学校是文化传播的重要基地。

充分发挥学校载体之优势，可使民族传统体育文化为中华民族振兴，为人类文明作出更大贡献。

文化是中华民族精神的重要组成部分，是民族智慧、民族精神和民族性格的具体体现。学校是文化传播的重要基地。民族传统体育文化依托学校得以弘扬，充分发挥学校载体之优势，可使民族传统体育文化为中华民族振兴，为人类文明作出更大贡献。

学校民族传统体育教学现状

我国学校教育中包含民族传统体育的内涵，这不仅是教育目的的要求，也是民族文化本身的特性所要求。目前，我国的学校体育教育在培养学生身体素质方面已取得了一定成绩，但是对学生的体育认知素质和体育行为素质的培养，尤其是形成终身体育的能力和习惯方面尚未达到应有的程度。其中十分重要的原因是学校体育教育中是以西方体育为主，与国人身体素质、心理感受、民族情感相吻合的民族传统体育内容没有得到很好的普及。因此，在学校开展民族传统体育，可以完善学校体育的教育体系，能有效地增强学生体质，提高学生身心健康水平，还能弘扬民族文化，从小培养学生的民族意识、民族精神和爱国情怀。学校体育不仅教给学生知识和技能，还能让学生在活动中感悟一种思想、一种意识、一种精神。

学校体育要适应新世纪对人力资源的需要，必须在原有基础上，加大民族传统体育教学的比重，树立素质教育的理念，建立完整的体育教学体系，将素质教育与终身体育有机衔接，使学校民族传统体育在学校体育工作中获得应有的地位。

学校民族传统体育的教学特点

学校广泛开展民族传统体育教学是时代的要求，是民族文化发展到一定阶段的必然趋势。民族传统体育具有风格各异的特点，技术差异比较大，对教师而言是一个相当大的难题，不过民族传统体育有三个"简"的特点。只要能够把握这些特点就能很快有效制定其教学过程。

（1）简便易教

民族传统体育项目中绝大部分内容都具备这样的特点，朴素的品质造就了这些项目的教学应朴实无华，教学过程要讲究实效，避免华而不实的形式，教师要全面准确掌握项目的比赛规则，并运用到教学中，不断提高学生在规则要求范围内的技术和战术是教学的灵魂。

（2）简单易学

民族传统体育绝大部分项目都简单易学，由于民族传统体育长期的教学是口传身教，缺乏经过文字的整理或通过研究得出的技术参数，对教师来说，缺乏教学参考，只有依靠教师自身不断实践后归纳出技术要领和动作组合及技巧。对学生来说，不断摸索通过练习改进动作从而提高技术进而创新和发展。

（3）简捷易赛

民族传统体育的比赛经过长期的演变，操作起来比较简捷，很多项目初步掌握了基本技术和战术就可进行对抗，在教学过程中可通过游戏的方式进行练习。

学校民族传统体育的教学原则

（1）因地制宜原则

各种学校的实际情况存在一定的差异，民族传统体育的开展也具有一定的地域特点。通过实践最好的教学形式就是以本土民族传统体育项目为重点，在有一定的参与群体和认识程度的基础上开展教学，可以较好的推动该项目的发展和弘扬，与此同时，还可以开发和拓展新的项目，将民族传统体育的教学不断深入和开展。

（2）安全原则

抖空竹虽然是一项表演项目，没有身体的接触和剧烈的运动量，但是在一些花样组合上有高空抛接和多人抛接的技术，存在一定的危险隐患。在教学过程中，教学内容应由易到难，练习手段由简到繁，不可急于让学生进行配合练习，练习难度应逐渐增大。在多人组合练习中，注意应用正确的技术动作。教师要经常加强安全教育和安全监督，防止意外伤害事故的发生。

（3）寓教于乐原则

培养和调动学生的参与意识，充分发挥学生在活动过程中的自觉性和积极性，在练习中体会快乐。抖空竹本是在春节庙会等民族节日期间出现的游戏，它的哨鸣声体现了欢快喜庆的气氛。在教学中要发挥它的优势，根据学生掌握技术动作的情况，适当降低技术要求，让学生在愉快的气氛中练习，提高技术，全面发展学生身体素质。

（4）循序渐进原则

抖空竹无论个人技术和多人组合技术，动作难度较大，在抛接中还具有一定的危险性，对身体的协调性灵活性都有要求，教师在组织教学过程中应合理安排教学内容，由易到难，由简到繁，逐步增加难度。

（5）创新性原则

教学中要努力培养学生的创新意识和创新能力，鼓励学生根据空竹传统的组合，举一反三创编简单的组合和花样，可让学生自己评判新组合的实用性美观性，培养学生的创新思维能力。

（6）综合性原则

抖空竹有个人表演也有多人的组合，要求在配合上要有一定默契，在学生练习中要充分体现集体的团队合作意识。

学校民族传统体育的教学方式

（1）游戏教学

民族传统体育蕴涵着很多游戏成分，具有集趣味性、娱乐性、健身性为一体的功能。教师要根据教材的内容形式，以及学生的掌握情况运用一些游戏的教学方式，有利于学生对技术的进一步掌握和提高，有助于学生对技战术的理解和合理运用。民族传统体育教学以游戏的形式可以使一些个体有差异的学生消除顾虑，克服心理障碍，体验快乐体育的感觉，为培养终身体育打下良好的基础。

（2）能力教学

在素质教育中最强调的就是发展学生的能力，许多民族传统体育项目来源于生活，通过教学过程使学生建立战胜困难的能力，培养不怕挫折的精神，以及创新的能力。

18. 武术教学与学生身体素质的提高

武术是中华民族传统文化的瑰宝之一，通过武术教学在健身、防身、修身、学生养性、娱乐观赏等方面有着重要的价值。

武术教学对学生武术精神的培养

中国传统的武术精神在武术教学中，主张"习武先习德"。儒家主张：克己正身，重义轻利，谦虚谨慎。几百年来，武术界一直提倡儒家思想，儒家风范讲究"习武先修德"，讲究"以武技之能，行道德之举"，是习武训练的目的和根本。实际上学武练武与培养人的品行、道德有着很大的关系。中国武术是以中华传统文化为基础，以中华民族求生存、保平安的自卫技术为素材。伴随着中华民族精神的形成而形成，并伴随着中华民族精神的发展而发展起来的一个民族传统体育项群，于中国武术之中的民族精神，贯穿于古往今来的武术活动中。我们应该借助这一资源，让学生们懂得，学习武术不仅仅是为了掌握武术知识、锻炼身心，还为了完善人格，为了在文化全球化的趋势下弘扬和培育民族精神。

武术教学培养学生基本的身心素质

（1）培养学生的竞争意识

竞争和创新是现代社会的一大特点，没有竞争就没有生存，没有竞争就没有发展，而武术就是培养学生竞争意识的最好途径。

（2）培养学生的心理素质

素质教育要求我们培养的学生既要有丰富的知识素养，又要有丰富健康的情感世界。武术课堂的教学对学生的情感训练可以说是得天独厚的，具体应从两方面学科教育进行分析：一是充分分析学生的性格，使学生认识杰出人物的意志品德；二是使学生获得丰富的情绪体验，引导他们的情绪趋向积极饱满和成熟，动作分析应为学生广泛创设情感体验的情景。

（3）培养学生的吃苦耐劳精神

练武能培养学生的自强不息精神，俗话说"冬练三九，夏练三伏"。形态动作的练习是一种强化性的练习，只有不断地重复，才能够烙下动作的痕迹，重复练习光有量还不够，还必须有一定的强度，因此武术训练是一种能吃苦的运动。但这恰恰培养了学生们的吃苦耐劳的意志品质，培养了学生的不怕困难百折不挠，自强不息的坚强品质，培养了学生沉着冷静、机智果断的个性心理。

（4）培养学生的终身体育意识

武术课堂的教育最终目的是培养适应现代化生产和生活的人，通过合理的武术教学及自我锻炼过程，实施"全民健身计划"，培养终身体育意识，养成自觉锻炼的习惯。我们在研究过程当中，着重点也放在了培养学生终身体育意识方面。只有养成了自觉锻炼的习惯，才能深刻认识到关心自己的健康不仅是个人的事情，而且还是一种社会的责任。

（5）发展学生的综合素质

武术的作用就在于发展人的生物潜力和精神潜力—思维力、记忆力、观察力、想象力和竞争力等构成智力因素的主要方面。武术课在传授知识，培养技能、技巧，增强学生体质的过程中，始终贯穿着这几种功能，如：多种多样的武术动作，比赛场上千变万化的环境，促使人要"眼观六路、耳听八方"，并在瞬间做出反应，都有利于发展学生丰富的想象力，使他们视野开阔，思维灵活敏捷，知觉敏锐准确，注意力集中稳定，记忆力状态良好。

武术教学培养学生健康的人格

武术动作教学的根本是，内在提高人的精、气、神，外在提高动作的规范性，这种有效的训练，正好符合塑造健康人格的标准和手段。武术的每一种拳种，都有它独特的训练要求，如：长拳教学中坐如钟，训练做事稳重的风格；行如风，训练雷厉风行的行为；轻如叶，训练出凡事事度为宜。又比如太极拳训练，太极拳内讲究气沉丹田，外讲究动作的均匀速度，极好的控制力。长久训练，就可使学生行为上稳重，不急、不燥，以静待动，以柔克刚，刚柔相济，遇事自控能力强。每一个拳种都要求要体现精、气、神，这是内修，在所有的体育项目中，武术演练在这方面强调的极为突出。

19. 生物教学中培养学生的身体素质

二十一世纪是科技高速发展，生产突飞猛进，国际政治、经济综合国力竞争激烈的世纪。世界范围的经济竞争、综合国力之争，实际上就是民族素质之争，科学技术之争，说到底就是人才的竞争，教育的竞争。中国要在二十一世纪的国际竞争中处于战略主动地位，立于不败之地，需要一大批综合素质高，全面发展的人才。在人才的各种素质中，身体素质是一切素质的基础。这是因为身体是其他各项素质形成和发展的生理基础，是人们掌握先进的科学技术，适应紧张的社会生活和工作需要，是创造一番事业的保证。同时，良好的身体是其他各项素质形成和发展的一个重要方面，是获得个人幸福的必要条件。因此，在中学生物学教学中，应特别注重培养学生的身体素质。

在中学生物教学中，培养学生的身体素质，具有得天独厚的条件。这是由于初二生物中的"人体生理卫生"内容，讲述的就是关于人体形态结构和功能，以及怎样保护和增进人体健康和预防疾病等方面的知识。所以作为一个生物教师应把培养学生的身体素质贯穿于初二生物教学的始终，引导学生把人体生理卫生基础知识应用于生活实际，促进身体形态的正常发展，提高身体各器官的生理机能，提高对自然环境的适应能力，养成良好的卫生习惯和积极锻炼身体的习惯。

通过教学养成锻炼的习惯

通过生物学教学，促进学生养成自觉、积极进行体育锻炼的习惯，全面提高中学生的身体素质。法国思想家伏尔泰有句名言："生命在于运动。"生物教师可用这句名言教育学生积极参加体育锻炼。在初二生物学中，许多章节都有涉及体育锻炼的内容，如：加强皮肤的锻炼，体育锻炼对骨、关节、骨骼肌的影响，心脏的锻炼和保健，经常参加体育锻炼和适宜的体力劳动等等，教师要结合课本相关内容讲清楚体育锻炼的意义，体育锻炼的注意事项等问题，促进学生养成自觉、积极进行体育锻炼的习惯，全面提高中学生的身体素质。

体育锻炼的意义是多方面的。对于皮肤而言，经常参加体育活动或户外运动，可以改善皮肤的血液循环，增强皮脂腺和汗腺的分泌活动，提高人体适应骤寒和骤热的能力，减少皮肤病的发生；对于运动系统而言，体育锻炼能促进血液循环，改善骨的营养，使骨密质增厚，使骨松质的排列更加整齐、有规律，因而使骨长得更加粗壮、坚固。对于中学生来说，还可促进长骨长长，使身体长得更高；能增强关节的牢固性和灵活性；能使肌纤维变粗，收缩更加有力；对于循环系统来说，能使心室壁肌肉的体积增大，收缩更加有力，心跳徐缓，血压降低，减少心脏病的发生，推迟心脏的衰老过程；对于呼吸系统而言，能使肺活量增大，呼吸功能加强。对于神经系统而言，能使脑的功能加强，思维敏捷，记忆潜力得到进一步开发。此外，体育锻炼还能使人体各器官系统的功能更加协调一致，成为统一的整体，更好地适应外界环境。还能使人心情愉快，精神焕发，促进人的健康长寿。

通过教学掌握基本的保健知识

初二生物学中的人体生理卫生知识，是人们进行卫生保健的基础知识。生物教师要指导学生应用这些知识，自觉进行卫生保健，促进身心健康发展。

卫生保健的内容很多，包括日常生活的各个方面。如：皮肤的卫生保健，运动系统的卫生保健，循环系统的卫生保健，呼吸系统的卫生保健，消化系统的卫生保健，神经系统的卫生保健等等。中学生中，有近视眼问题、龋齿问题、吸烟问题、青春期的卫生问题等都是比较突出的问题。

有资料表明：我国中学生近视眼的比例是世界各国中较高的国家之一。根据近三年对我校初中各年级的学生体检的资料统计表明，初中生近视眼发病率居高不下，而且还有呈逐年上升的趋势。造成中学生近视的原因有：遗传因素、学习负担太重、学习环境条件差、不注意用眼卫生、营养不良、身体虚弱等，其中最主要的原因是中学生不注意用眼卫生。预防学生的近视眼，一方面要改善学生的学习环境，切实减轻中学生的课业负担。另一方面在课堂教学过程中经常向学生强调做到"三要"和"四不看"。"三要"即：读书姿势要正确，眼与书的距离约33cm；看书一小时后要休息，需远眺几分钟；要认真做好眼保健操。"四不看"即：不在强光直射下看书；不在光线太暗的地方看书；不在躺卧时看书；不在行驶的车上或走路时看书。还应特别向学生强调不进入电子游戏厅打游戏，长时间坐在那里，光线暗，环境条件差，这是造成中学生近视的不可忽视的又一个原因。

据调查，我国中学生龋齿的发病率近50%。教师要在讲述第五章时，不失时机向学生补充介绍预防龋齿的方法：注意口腔卫生，学会正确的刷牙方法，养成早晚刷牙，饭后漱口的良好习惯；不要吃过多的甜食，避免为细菌的生存留下养料；注意适度补充营养和体育锻炼，增强抵抗病菌侵袭的能力；定期进行口腔检查，若发现龋齿应及时治疗。

据调查，我国的近三亿烟民中，中学生占了500万之多。中学生吸烟的原因，有的是从模仿成人开始，认为吸烟姿态很帅；有的是结交了社会上的一些不良朋友，逐步养成吸烟的坏习惯；也有的学生是因为学习成绩不好，思想负担重，很烦恼，为解闷而吸烟的。事实上，吸烟对人体健康有百害而无一利。根据医学资料表明，吸烟者易患以下疾病：癌症；心血管疾病；中毒性弱视；支气管炎；易患消化系统疾病，如溃疡病等；吸烟影响美容。吸烟还会影响人的记忆力。生物教师应把吸烟的危害向学生讲清楚，使学生自觉抵制香烟的诱惑，远离香烟。

现在的中学生，一方面，由于生活水平的提高，加上书刊、电影、电视中一些不健康信息的刺激，出现了性早熟的现象。另一方面，由于缺乏必要的性生理知识，受影视、书刊等色情内容的影响，有些中学生出现了性困惑心理，有些甚至形成不健康的性观念。针对上述情况，生物学教师应重视初二生物第十一章《生殖和发育》这部分内容的教学，使学生懂得青春期发育的特点，如身体外形的变化，生理机能的加强，生殖器官的逐步发育成熟等；教育学生切实做好青春期卫生；教育学生树立远大理想，培养高尚的情操，懂得自尊，自爱。使学生的身心得到健康的发展。

通过教学懂得合理营养的道理

生命是由物质组成的，是物质的高级运动形式。人属于异养生物，不能自己制造有机物，必须以现成的有机物为食。初二生物第五章《消化和吸收》中讲述了人体所需的营养物质的作用、来源、缺乏症等。各种营养物质在人体内的作用分别是：蛋白质是构成人体细胞的基本物质，糖类是人体最主要的能源物质，脂肪是贮备的能源物质，维生素是维持人体正常生命活动所必需的营养物质，水是细胞的主要组成成分，人体的各种生理活动都离不开水，无机盐是构成人体组织的重要原材料。人体一旦缺乏上述这些营养物质，将会出现相应的缺乏症。例如，青少年蛋白质、碘摄入量不足，将会出现发育迟缓，消瘦。缺铁，会患贫血症。缺维生素C，会患坏血病。

人体所需的各种营养物质，可从食物中获得，但是每种食物中所含各种营养物质的比例是不一样的。应教育学生养成全面摄取营养，养成不偏食、不挑食的习惯，将多种在营养物质方面各有特色的食物搭配起来，获得人体所需的各种营养物质，从而促进人体健康生长和发育。

通过教学养成良好的卫生习惯

良好的卫生习惯，是促进人体健康生长和发育形成健壮体魄的保证，良好卫生习惯包括人体清洁卫生，饮食卫生，运动卫生，呼吸卫生，用耳卫生，用眼卫生，用脑卫生等多方面。

在初中生物第二册第二章，介绍了皮肤不清洁的危害性，即在皮肤表面积存较多污垢，不仅会影响皮肤的正常功能，使汗液和皮脂不容易排出，而且还容易繁殖病菌，引起皮肤病。第十三章讲到的接触传染病，是由于人体直接或间接与患病的人或动物接触，或者与含有病原体的土壤、水接触，病原体经过皮肤进入人体所引起的传染病。学生明白了人体皮肤不清洁的危害性，就能更自觉地搞好个人卫生。

饮食卫生包括合理膳食，培养良好的饮食习惯，饮食后不立即进行剧烈运动，预防食物中毒等。其中，良好的饮食习惯往往易被学生忽视，应教育学生注意以下几点：吃饭要一日三餐，定时定量。科学合理配餐，保证能量与营养的摄入两不误，这样做能提高中学生的学习效率。有规律的饮食还可使胃肠有节律地工作，对保持和增强胃肠蠕动有好处。吃饭要细嚼慢咽。细嚼食物，可把食物嚼碎并与唾液充分混合，便于吞咽；细嚼食物，能把进食信号传到肝脏、唾液腺、胃腺、胰腺、肠腺等消化腺中，促使这些腺体分泌大量的消化液，为进一步消化食物做好准备。不挑食、不偏食。这样才不会造成身体内某些营养物质的缺乏，而影响身体健康。不要边吃饭边看书，否则中枢神经系统与消化系统在体内就会争夺循环血量。这样，就看书来说，会造成大脑供血不足而使学习效率明显下降；就吃饭来说，会因消化液分泌减少而产生消化不良，继而诱发食欲不振，胃炎等疾病。不能边吃边说笑。因在吃饭时说笑，会使呼吸和吞咽动作同时进行，长期这样易使会厌软骨活动失调。

用脑卫生包括积极参加体育运动和体力劳动，注意休息和睡眠，注意科学用脑，合理安排作息时间，不吸烟不酗酒等。这些内容在初中生物第二册第九章有详细介绍。这些内容中，学生较难把握的主要有科学用脑与合理安排作息时间两个方面。现在中学生学习任务较重，在我们国家尚无法做到普及高中的今天，学习竞争的压力还比较大，有部分学生面对沉重的学习负担，往往产生急躁、焦虑情绪，不懂得怎样合理安排时间，充分利用时间，怎样合理用脑。为此，教师应结合这部分内容教学，对学生加强引导，使他们养成良好的学习习惯，树立自信心，注意劳逸结合，动静交替，变换脑力活动的内容。合理安排好学习、运动、休息和睡眠的时间，从而使大脑的功能不断增强，不断完善。

通过突发现场提高自救能力

通过举办医院外突发急症现场自救互救的基本知识专题讲座，不断提高青少年在突发急症现场的自救互救能力。

医院外突发急症现场自救互救已成为世界各国广大群众十分关注的问题。通过举办医院外突发急症现场自救互救的基本知识专题讲座，让中学生掌握一些简单实用的急救方法，是现代家庭、青少年应该具有的基本知识。我们利用我校科技活动的时间以学生自愿为原则，在阶梯教室举行了心脏骤停的概念和判断，急性心肌梗死，高血压紧急状态，中暑，掌握几种重要的检查方法，心肺复苏等专题讲座，受到了学生的欢迎，收效较好。

总之，培养学生的身体素质，需贯穿于初中生物学教学的始终。生物学教师应在传授人体生理卫生知识的基础上，引导学生自觉动用这些知识于生活实际中，自觉进行体育锻炼、卫生保健。使人人都有健康的身体、健美的体魄和健壮的体格，使身体的各个器官系统和谐统一地发展，不断增强对环境的适应能力，提高医院外突发急症现场自救互救的能力。

良好的身体素质，是人们从事各项社会活动，创造各种事业的保证。应教育学生从适应二十一世纪的激烈竞争，创造伟大事业的高度来认识身体素质的重要性，重视提高个人身体素质，培养自身的健康体魄，以便将来更好地为祖国为人民作出应有的贡献。

20. 跆拳道对学生身体素质的影响

人的体质主要包括身体形态、身体机能和身体素质，其中，身体形态和身体机能是身体运动和劳动的物质基础和前提条件，对遗传和营养条件依赖较大。学生体质中身体形态和身体机能呈逐年增长的趋势，是我国经济发展，人民生活水平逐步提高的自然体现，同时也体现了我国的优生优育政策和医疗卫生工作的非凡效果。身体素质更倾向于体现人身体活动的基本能力，依据身体素质与身体形态和身体机能的正相关关系，学生的身体素质也应该呈逐年增长的趋势。但身体素质水平与教育、身体锻炼和心理品质也存在较大的关系，即便是相同的身体条件，在不同的教育、不同的身体锻炼、不同的心理品质的作用下，身体素质会发展到不同的水平。

跆拳道练习可以提高腿部的爆发力

跆拳道项目对抗特点即在跆拳道比赛中，主要的得分手段是各种腿法技术，而横叉是反映运动员髋关节和下肢的柔韧性的一项重要指标，它是动作质量和动作灵敏的前提和保障。20 秒提膝是反映跆拳道运动员速度的重要指标。在跆拳道比赛中，攻防转换的速度非常快，技术动作的应用瞬间就已完成，这就需要运动员必须具备瞬间的速度能力，本研究中，20 秒提膝有所增加但没有明显差异。速度素质受遗传影响较大，后天锻炼有一定的影响，但影响不明显。

立定跳远是反映运动员爆发力，特别是下肢爆发力的一项重要指标。男生经过跆拳道练习后立定跳远指标显著高于练习前，女学生亦有增加但无显著性。说明在练习跆拳道的过程中男学生踢击的力量很大，下肢的力量得到了快速发展表现为立定跳远成绩的大幅度上升。而女学生存在胆怯的心理，在练习中腿部发力较小，致使下肢力量发展缓慢，所以女学生的立定跳远成绩有提高但不显著，立定跳远是测试爆发力的项目，爆发力要求在短时间内发挥最大的力量。爆发力的大小不仅取决于力量，而且取决于力量和速度的结合。它在跆拳道运动中具有重要的意义和作用。在跆拳道的锻炼过程中对腿法进攻的力量和速度要求是相当高的。如果仅有力量而没有快的速度，你就无法击中目标；如果光有速度而没有很好的力量，那么即使你能够击中目标也无法产生明显的击大效果，不但不能给对手产生威胁，而且还不能得分。在跆拳道的教学中我们每一次课都有腿部的力量和速度的专门练习，所以跆拳道课可以提高腿部的爆发力。

跆拳道锻炼可以提高学生的柔韧素质

横叉是反映人体柔韧性的测试项目。柔韧性是指人体完成动作关节、肌肉、肌健和韧带的伸展能力。柔韧素质与健康的关系极为密切，柔韧性的提高，对增强身体的协调能力，更好地发挥力量、速度等素质提高技能和技术，防止运动创伤等都有积极的作用。

800 米是反映跆拳道运动员耐力的一项重要指标，跆拳道比赛规定：每场比赛分 3 局，每局为 3min，局间休息 1min，这对运动员的耐力有极高的要求。在跆拳道的教学中主要是以腿法、品势的练习为主，教学比赛较少。柔韧性是指人体完成动作时关节、肌肉、肌膛和韧带的伸展能力。柔韧素质与健康的关系极为密切，柔韧性的提高，对增强身体的协调能力，更好地发挥力量、速度等素质提高技能和技术，防止运动创伤等都有积极的作用。学生在参加跆拳道锻炼之前柔韧素质大多数都不是很好，在习练的过程中每次课中都有柔韧素质练习，因此通过跆拳道锻炼可以提高学生的柔韧素质。

跆拳道练习能够提高体质健康水平

经常进行跆拳道运动，可促使人体心血管系统的形态、结构和机能产生良好的反应，从而提高人体的工作能力。跆拳道运动既需要速度也需要耐力、它是一种无氧代谢和有氧代谢相结合的综合性运动。长期进行跆拳道练习可以使安静时心率减慢，心脏运动性增大。使之收缩时射血能力增强，心脏肌纤维内 ATP 酶活性升高，能提高体力负荷。长期进行跆拳道练习还可以改善心血管机能，使每分钟血液输出量增大，使每分钟输出量增大，从而提高人体有氧工作能力。跆拳道运动的内外相合，上下相随，周身协调，动静结合的运动特点，有助于中枢神经系统兴奋性的扩散，促使胰岛素分泌因子，抑制了下丘脑情绪中枢的兴奋性和焦肝血管中枢的紧张活动。终止脑垂体不断发出的信号和脑垂体分泌肾上腺素和去甲肾上腺素的激素进入血液，从而推动血液循环。

台阶实验是一项定量负荷机能实验，主要用以测定心血管系统的功能，也可以间接推断机体的耐力。由于台阶的高度是固定的，因此相对于每个受试者来说，台阶实验是固定时间 180 秒内完成固定的负荷，根据恢复的快慢计算指数来反映心脏对运动负荷的承受能力，在运动负荷相对等同的情况下来比较心脏功能的优劣。在完成同样运动负荷时，动用心输出量潜力越多，心跳频率越快，指数越低，心脏功能水平也越高，反之越低。参加跆拳道锻炼能够明显地使心血管系统的机能得到改善。

肺活量用以反映人体呼吸的最大通气能力。它的大小反映了肺的容积和肺的扩张能力，是评价人体体质状况的一项常用指标。肺活量的大小主要取决于呼吸肌的力量、肺和胸廓的弹性等因素，同时与年龄、性别、身高、体重和胸围等因素有关。但经常参加体育锻炼，可以促进胸廓的发育，增强呼吸肌的力量，故经常锻炼者肺活量要比一般人大。跆拳道运动关节活动幅度大、运动量较大，更加有利于肺活量的提高。参加跆拳道锻炼能够明显地使肺活量得到提高，从而提高体质健康水平。

第二章

学生身体素质教育与升级的故事推荐

1. 管子鼓励锻炼身体

管子（前？—前645），名夷吾，字仲。颍上（今安徽西北，颍水下游一带）人。中国春秋早期政治家、思想家。

管仲虽是贵族的后裔，但他已失去了贵族的身份。他自己说："吾始困时，尝与鲍叔贾，分财利多自与，鲍叔不以我为贪，知我贫也。吾尝为鲍叔谋事而更穷困，鲍叔不以我为愚，知时有利不利也"。后来，齐桓公使管仲治国，管仲说"贱不能临贵"。由此可见，管仲少年时以经商为生，生活贫困，社会地位不高。经鲍叔牙推荐，齐桓公任命管仲为卿，他在政治、经济及管理制度等方面进行了改革，更新人才选拔制度，废掉人民不欢迎的政策。为了富国强兵，管仲十分重视平民的军事体育，他的寓兵于民，全民皆兵，使体育成为为军事、政治服务的军事体育思想，对富国强兵和齐国的霸业产生了很好的效果。他所采取的措施是：把齐国分为三个行政区，每个区编组一个军。将每个乡的农民按军事组织编为队伍，对他们进行田猎等军事体育训练，实行赏罚制度。在训练时，他提出"作教而寄武"，使"百姓通于军事"的指导思想。"作教而寄武"是把军事体育训练和生产劳动结合起来。管仲说得很具体："缮农具以当器械，耕农以当攻战，推行铫耨以当剑戟，被蓑以当铠鐏，菹笠以当盾橹。故耕器具则战器备，农事习则攻战巧矣。"就是说，可以用锄头练习剑戟的动作，用草帽当盾牌、蓑衣当作铠甲来进行训练。这样，不脱离生产就可以进行军事和体育训练了。通过这样的训练，既提高了每个人的军事素质，又增强了全民的体质。

管仲在建立正规军队方面也采取了一些鼓励政策，不惜"重禄"

来"收天下之豪杰，有天下之俊雄"。以此来激发人们锻炼身体，刻苦练武。

齐桓公想北伐，又怕越国乘机从南入侵，为了防备越国入侵，需要训练水兵。管仲建议采取开展游泳活动，鼓励群众学习游泳的办法来选拔和训练水军。对能游者赐千金，通过这种办法，从学习游泳的群众中选拔了 5 万名水兵。桓公北伐时，越兵果然从水路来偷袭齐国，管仲有了水军的准备，打败了来袭的越人。

管仲不仅采取了很多办法鼓励人们锻炼身体，而且还重视"养生"之道。他说："壮者无怠，老者无偷，顺天之道，必以善终者也。……导血气以求长年、长心、长德，此为身也。"他这段话是针对齐桓公因年老体衰而怠慢偷安说的，其中含有锻炼身体对增进健康和身心关系等深刻思想。"导血气以求长年"，就是要经常活动身体，促进呼吸和血液循环，以达到健康长寿。

管仲认为，在锻炼的同时，还应注意调剂营养。"滋味动静，生之养也"。他认为，促进身体健康的途径，包括营养和适当、适时的动与静的安排。"是以圣人齐滋味而时动静"。这里的"齐滋味"是说要有多种的营养物质，以取得良好的营养效果。否则，身体就长不好。"时动静"意思是需要有适当的、适时的身体运动与安静。他说："饱则疾动，饱不疾动气不通于四末。"一个人吃饱饭以后，要有适当的运动，食物才容易消化，营养物质才能输送于全身，以"利身体，便形躯，养寿命"。管仲这里所讲的"时动静"，既包括适当的动，也包括适当的静，这里的"静"，包括适当的休息，即劳逸结合，也包括心静，主要指克制嗜欲。心安静了，才能更好地发挥身体各器官的功能，如果心中充满了嗜欲，精神不定，那就会视而不见，听而不闻，食而无味，食而不消。这是不利于身体健康的。这种把心理卫生与饮食卫生结合起来谈养生，把动与静结合起来谈健身，这在古代是不多见的。

2. 孔子养生有道

孔子，名丘，字仲尼。鲁国陬邑（今山东曲阜）人。因孔丘开创私学，并著书立说，为中国的文化教育事业的发展做出了贡献，又是儒家的始祖，所以后人敬称他为"孔夫子"。他是春秋末期的思想家、政治家、教育家。

关于对孔子的评说，两千多年来，人们对他褒贬不一，众说纷纭，这是由于历史等原因造成的，姑且不论。但在历史上人们曾把孔子的肖像表现为一个干瘦的老头，这不符合历史事实。实际上，孔子是一位身材魁梧，身心健康的人。在医学落后，物质条件匮乏的春秋战乱时期，人的寿命比较短，而孔子却能在坎坷的人生中度过 73 个春秋，这不能不说与孔子注重养生健身有直接关系。仅从记录孔子一生言行的《论语》中，也可以看出，他是一位养生有道的人物。孔子的养生术可以用 16 个字概括，即：精神豁达，知足不贪，食居慎节，志趣广泛。

精神豁达。一次有人问孔子的学生子路："你们的老师为人如何？"当时子路不知怎样回答。后来孔子知道了这件事，他对学生们说："我的为人是：发愤忘食，乐以忘忧，不知老之将至云尔。"可见由于孔子对事业执着的追求和他对所从事事业产生的浓厚兴趣，使他把自己日渐衰老都忘记了。他不仅自己这样做，还经常教育他的学生要养成开朗的习性，告诫弟子要"君子坦荡荡"、"不忧不惧，不怨不怒"，这样才有益于身心健康。

知足不贪。孔子在个人修养上时时以"修己"、"克己"为原则来约束自己，从不放纵个人的欲望。他指出人生少、壮、老三个生理阶段的三戒。"少之时，血气未足，戒之在色；及其壮也，血气方刚，戒之在斗；及其老也，血气既衰，戒之在得"。意思是说，青少年时，正处在长身体、长知识的时期，不要贪恋姿色；到了壮年，虽然身心各方面都比较成熟，但不要因此好胜喜斗，应平心静气，宽和待人；而到了老年，则不要有更多更高的奢望或非分要求，不要追名逐利，应安度晚年。这样才有益于健康长寿。

食居慎节。孔子的饮食原则是，"食不厌精，脍不厌细"，"食无求饱"。他还说过："饭蔬食饮水，曲肱而忱之，乐亦在其中矣。"总之，他的主张是，霉不食，腐不进，吃粗粮，喝白水，不暴饮暴食。

孔子很注意起居饮食卫生。刘向在《说苑》中有这样的记载："鲁哀公问于孔子曰：'有智者寿乎？'孔子曰：'然。人有三命而非命也者，人自取之。夫寝处不时，饮食不节，佚劳过度者，疾共杀之'。"在这里，孔子从反面给人们提出了长寿的三条经验：一是要寝处有时，即按时作息。二是要饮食有节，即节制饮食，不要吃得过饱。三是要佚劳适度，即应注意劳逸结合。在《论语·乡党》中，孔子谈了许多饮食卫生，例如："食饪而宎（粮食坏了有臭味）、鱼馁肉败（鱼肉腐烂）不食。色恶，不食。臭恶，不食。失饪（烹调不当），不食。不时（不到该吃饭的时候），不食"。"肉虽多，不使胜食气（吃得不过量）。唯酒无量，不及乱（不要喝醉）。""食不语"。"席不正，不坐"。

孔子在讲饮食卫生的同时，也谈到睡眠卫生，"寝不言"，"寝不尸"，即不要直躺。孔子自己是这样做的，也严格要求学生这样去做。他对不能按时作息的学生，常常给予严厉的批评。

当然，孔子注意体育和起居饮食等，往往是以"仁"、"礼"为准绳，反对非仁非礼的体育活动，强调"文质彬彬"，这是孔子的体育观的一个显著特征。

志趣广泛。孔子一生学识渊博，志趣广泛。他除了从事教育活动之外，还积极提倡并亲自参加各种健身体育活动。他精通诗书礼乐，喜欢吹拉弹唱、游泳、登山、打猎、垂钓、驾车等。孔子的学生们在评价孔子时说："仰之弥高，钻之弥坚"。"固天纵之将圣，又多能也。"孔子自己也说："志在道，据于德，依于仁，游于艺。"志趣广泛既能锻炼身体，又能陶冶情操。

早在两千多年前，孔子就对养生健身有如此深刻的认识，而且又能身体力行，足见中华民族注重养生健身历史之久远。

3. 李悝发布"习射令"

李悝（前455—前395），战国时期魏国人，曾任魏文侯相国（战国时期官名，为百官之长）。李悝与赵国的公仲连、楚国的吴起、韩国的申不害、齐国的邹忌、秦国的商鞅，都是战国初期积极主张和实施变法的政治家和军事家。

李悝在成为魏文侯的相国以前，曾经担任过"上地"的地方长官（"上地"在陕西绥德一带，与秦国近邻）。李悝为了防范秦国的进攻，积极主张并组织郡内的人练兵习武。他要求每个人都要学会射箭，并都能成为一个善射者。所谓"善射"，就是要"百发百中"，"百发失一不足为善射"。这种要求，显然是对射者的高标准要求，百发百中非一日之工，这就迫使每个人必须刻苦练射。

其实，射箭是中国古老的体育项目，最早起源于原始社会，人们与猛兽和飞禽作斗争中逐渐发明了弓箭，那时只作为生产的一种工具。后来，随着阶级的产生，部族之间战争的爆发，弓箭才作为一种武器而用于战场。于是，平时练箭就成为一种体育活动。我国周朝时期，射箭已经非常盛行。射箭比赛常常进行，天子诸侯有"大射"、"宾射"、"燕射"之分，民间也有"乡射"。到了春秋战国时期，射箭已经发展成为一项体育运动。墨子擅长射箭。《公孟篇》说："二三子复于子墨子学射者。"说明常有人跟墨子学习射箭。墨子说："欲众其国之善射御之士者，必将富之贵之，敬之誉之。""不能射御之士，我将罪贱之。"墨子对"善射御之士"和"不能射御之士"采取两种截然不同的对待办法，其目的是为了奖励学习射御，争取兼并战争的胜利。

不过，尽管在春秋战国之前射箭运动就已经很盛行，但还没有达到春秋战国时李悝对射箭那种重视程度。李悝为了更广泛在民间开展射箭，达到百发百中的程度，他下了一条命令，后人称之为"习射令"。命令的主要内容是："人之有狐疑之讼者，令之射的（音地），中之者胜，不中者负。"意思是，对一些不易判决的官司，就让其双方进行射箭比赛，射中靶子的，就算官司打赢了，射不中靶子的，就算官司打输了。

用射箭来决定官司的赢输，今天看来的确是荒唐可笑的，但李悝下令让人们练射箭，目的并不是仅仅用于打官司，而是以此作为练箭的手段，目的是促使每个人都要学会射箭，提高射箭技艺，人人成为善射者，以防御秦国的侵略。从这一点来看，李悝所发布的"习射令"并不是荒唐的，因为实施"习射令"以后，确实提高了人民的身体素质，每个人都掌握了一套娴熟的射箭技能。所以，当秦国侵略时，他们确实靠着高超的射箭技艺打败了秦国。实施"习射令"，达到了预期目的。

从此以后，各国射箭的人越来越多，涌现了无数射箭好手，百发百中的神射手自古以来屡见不鲜。例如，春秋战国时代的养由基"百步穿杨"。《史记》中记载的"李广射石"，不仅百发百中，而且力大无比。我国古代南北朝有个名叫孙晟的神射手，他能"一箭双雕"等等。

后来，随着生产力的发展，科学技术的进步，火药和火器发明了。弓箭，这种原始的生产和战斗武器才逐渐丧失了它原有的地位和作用，而被较先进的火枪火炮所代替。但是射箭作为一种古老的民间体育活动项目仍然被流传下来，后来这项运动在世界各国开展，普及各国。国内和国际射箭比赛经常举行。现在，射箭已成为奥林匹克运动会的重要项目之一。

4. 荀子的养生主张

荀子（约前313—前238），名况，字卿，又称孙卿。战国时赵国（今山西南部）人。中国战国末期思想家、教育家。

战国末期，封建社会已逐渐形成，荀子站在新兴地主阶级的立场，维护新兴的封建制度。他的思想反映了当时新兴地主阶级在政治经济上统一的要求。荀子是战国末期儒家最后的一位大师。他批判地继承了孔子以来儒家的思想传统，又批判地吸取了道、法、墨各家学说，成为先秦时期集诸子百家之大成的古代唯物主义思想家和教育家。他遗留下来的著作经后人整理成《荀子》一书，共20卷，32篇。

在荀子现存的著作中，除涉及哲学、政治、经济、军事、教育和美学领域外，也涉及到养生领域。他不是一个养生家，但有些养生主张，对后世影响很大。

荀子养生思想比较丰富，归纳起来，其最大的特点是主张在"养"的基础上要"动"。他说："养备而动时，则天不能病，养略而动罕，则天不能使之全。"（《荀子·天论》）荀子所说的"养"，指的是人类得以生存所需要的一切物质，包括衣、食、日光、空气、水、居住设备等。"备"是齐全的意思。"养备"，即尽可能地利用自然界具有的为人类生存所需要的一切。"动时"，就是经常活动身躯。在荀子看来，一个人如果在饮食、起居等生活方面注意调养，并且经常进行身体活动，就不会得病，反之，就不能有健康的身体。荀子的这种"动以养生"的主张，既继承了当时社会上流行的、后来被写进《黄帝内经》中的养生方法，如"饮食有节、起居有常、不妄作劳"等，也概括了当时社会上一些"导引之士"、"养形之人"所实行的养生方法，包括"吹嘘呼吸，吐故纳新，熊经鸟申"等。实践已经证明，荀子的这种动养结合的养生主张是十分正确的，是中国古代养生理论宝库中的精华，为后来的养生家所继承和发展。

荀子主张，凡养生的人要"重己役物"。"重己役物"的意思就是看重自己而役使外物。这是荀子针对一些人"以己为物役矣"，即自己被物质欲望所奴役而说的。荀子说这话的意思，是要人们正确对待人的欲望，不要因纵欲而危害身体、败坏德行，最后成为一个"虽封侯称君，其与夫盗无以异"的人，就是说，虽封为诸侯，称为国君，但仍然和盗贼没有什么区别。荀子看到"外重物而不内忧者，无之有也"。即拼命追求物质欲望的人，内心没有不忧虑的，成天忧心忡忡，肯定会影响健康。因此，荀子问道："其求物也，养生也？粥（音玉，出卖的意思）寿也？"意思是，追求物质欲望，是为了保养生命呢？还是出卖生命呢？荀子"重己役物"的主张是针对那些"以己为物役"的人而言的，一个人不能整天不顾一切地追求物质，被物质所奴役，那样会伤害身体，所以要克服"以己为物役"，要节欲。

荀子"重己役物"的主张，虽然重在安邦治国，维护新兴地主阶级的封建统治，但在养生领域，它仍然不失为"养身"、"全生"、"尽年"的方法之一。

荀子重视养生，首先是由于他"贵生"，对"生"表现了强烈的追求与向往。荀子"贵生"，反映了新兴地主阶级对未来生活的憧憬，以及对统一大业必将取得最终胜利的坚定信念。荀子"贵生"，但不贪生、偷生，必要时可以舍生忘死。这在兼并战争方兴未艾、新兴地主阶级正为统一全国而征战不休的战国时期是积极的。

荀子养生主张的形成，是与他具有的"制天命而用之"的唯物主义的自然天道观分不开的。荀子认为，天是无意志的自然物，它有着自己的运行规律："天行有常，不为尧存，不为桀亡。"人的吉、凶、祸、福、病、痊、贫、富，全在人为而非天所决定。他否定天命，主张"明天人之分"和"制天命而用之"。这种用人事来代替天意，用人力与自然界做斗争，并使天地万物都为人所征服、所利用的"人定胜天"的思想，不但为当时的新兴地主阶级在确立和巩固封建专制统治提供了思想武器，而且为他自己的养生主张提供了坚实的哲学基础。荀子"制天命而用之"的人定胜天的思想，导致了他对人、对人的能力、人的健康的高度重视；而人们通过"养备而动时"，赢得了健康的身体，聪敏的能力，为人们征服和改造自然提供了条件，进而又证明了"制天命而用之"的人定胜天思想的无比正确。荀子的养生主张之所以对后世影响很大，其道理就在于他从唯物主义思想出发，认识养生问题。

5.《吕氏春秋》中的养生思想

《吕氏春秋》一书是由秦相吕不韦主编，他的门客执笔，于秦始皇八年（前239年）写成的一部百科全书式的巨著。全书26卷、12纪、8览、6论，共160篇，20余万字。据专家们研究，吕不韦主编

《吕氏春秋》，不是为他自己树碑立传，而是为行将统一全国的最高统治者以及下属的王侯将相，提供创造并巩固封建专制政权的理论武器。

自汉代以来，《吕氏春秋》一直被称为"杂家"之说。今天看来，这种评价欠公允。对于《吕氏春秋》一书作出较高评价的是郭沫若，他说："《吕氏春秋》对于各家虽然兼收并蓄，但却有一定的标准。""这书却含有极大的政治上的意义，也含有极高的文化史上的价值，向来的学者似乎还不曾充分的认识。"这个评价是公正的。《吕氏春秋》的编著者，对于先秦各家的学说，能取其精华，舍其不足，进行综合加工，并有所创新，形成了独特的思想体系，成为我国春秋战国时期民族文化思想成果的一个总汇。它保存了先秦各家的许多思想资料，是一部有重要学术价值的历史文献。

《吕氏春秋》在"备天地万物古今之事"的写作计划下，适应新兴地主阶级"重己"、"贵生"的需要，谈了不少养生之道。其中的《本生》、《重己》、《贵生》、《尽数》、《情欲》、《先己》等篇章都谈到了养生问题。书中所涉及到的一些养生理论和方法，有不少是值得我们继承的。与《荀子》相比，对体育的理性认识，有不少独到的地方。

《吕氏春秋》既然是吕不韦所主编，书中有关养生的理论当然也可视为吕不韦的养生思想。该书的作者认为，"世之人主、贵人，无贤不肖，莫不欲长生久视"。即在世之人，都希望长寿。所以，"凡事之本，必先治身"，把治身作为一切事情的根本。在人们要求长生、治身的情况下，作者介绍了一些"贵生"之术。这些"贵生"之术，除了"节欲"、"去害"以及"察阴阳之宜，辨万物之利"之外，特别强调一个"动"字。

在作者看来，宇宙万物都是由精气的运动而形成的。"精气之集也，必有入也。集于羽鸟，与为飞扬。集于走兽，与为流行。集于珠玉，与为精朗。集于树木，与为茂长。集于圣人，与为复明。"不论动物、植物，都是由精气的凝集和所入形成的；形成的各种不同物质，又有着各自不同的特征。宇宙万物靠"精气"的运动而形成，也靠"精气"的运动而长存，没有运动就没有一切。联系到人体，人所以能健康长寿，就是因为精气在人体中畅流无阻，一旦精气在人体内的运动受阻，人就会生病。"精不流则气郁。郁，处头则为肿为风，处耳则为损（音局，耳疾）为聋"。那么，怎样才能保持精气畅通呢？那就是"运动"。《吕氏春秋》的作者用"流水不腐，户枢不蝼（音楼）"的事实，形象地告诉我们，要经常进行身体活动，并警告当时的权贵们，不要"出则以车，入则以辇"。因为只坐车，不走路，不活动筋骨，就会遭致痿蹶之症。所以，要经常运动，不断增强新陈代谢之功能，保持体内活力，只有这样，才会使"精气日新，邪气尽去，及其天年"。

　　根据《吕氏春秋》的成书时间来推算，古人对运动与健身关系的深刻认识，是在两千多年以前。这说明，重视养生健身，重视体育运动，是中华民族的传统美德。特别是《吕氏春秋》中提出的"流水不腐，户枢不蝼"的千古名言，一直在激励着无数健康长寿的追求者自觉地投身于体育锻炼。这可以说是吕不韦对中华民族养生健身学说的一个重要理论贡献。他的"动"字养生思想，可以说是中华民族养生学说中的主线。

6. 华佗创编"五禽戏"

　　华佗（公元？—208），又名旉，字元化，沛国谯郡（今安徽亳县）人。是东汉末期的著名医学家和药学家，同时又是我国医疗体操的创始人。他年轻时候，曾经到外地游学，钻研医术。有些名人荐举他做官，他拒绝了，立志当个医生，为人民解除病痛。他一生行医的足迹遍及现在的安徽、山东、河南、江苏等地，深受群众的敬爱，享有很高的声誉。他精通内、外、妇、儿、针灸各科，尤为擅长外科手术。施针用药，简而有效。对肠胃积聚等病创用麻沸散（一种麻醉剂），给患者麻醉后施行腹部手术。反映了我国医学于公元二世纪时，在麻醉方法和外科手术的方面已有相当成就，华佗也被认为是世界上应用麻醉进行外科手术的首创者。

华佗不仅精通麻醉术和各种医术，还懂得锻炼身体是积极预防疾病的有效方法。有一次，他在书房里读书，看见有个孩子抓着门闩来回荡着玩，他由此联想起古书上说过"户枢不蠹，流水不腐"的道理。他想，大多数疾病都是因为气血不流通而发生的，如果人体也经常活动，让气血畅通，不就能保持身体健康，不容易得病吗？从此以后，华佗每天早早起来，在庭院里做些活动，伸伸胳膊，抬抬腿，弯弯腰，扭扭脖子；看书诊病坐得久了，也站起来活动活动。华佗觉得活动以后，身体很舒服，精神清爽。有一天，华佗有些不大舒服，好像着了凉感冒了，他活动了一会儿，身上微微出了些汗，过了几个时辰，就头也不痛了，身体感到很轻松。

于是，华佗一有空就研究活动身体的方法。他参考了以前的"导引术"（中国古代强身除病的一种养生方法），自己编制了一套养生健身的拳法。他曾对弟子吴普说："人体欲得劳动，但不当使极耳。动摇则谷气得消，血脉流通，病不得生，譬如户枢，终不朽也。是以古之仙者为引导之事熊经鸱顾，引挽腰体，动诸关节，以求难老。"他在肯定导引养生理论的同时，又在实践中创编了一套"五禽戏"。

"五禽戏"，又名"五禽气功"、"五禽操"、"百步汉戏"。华佗的五禽戏，属保健体操，华佗说，他的"五禽之戏，一曰虎，二曰鹿，三曰熊，四曰猿，五曰鸟。亦以除疾，兼利冲（蹄）足，以当导引。体有不快，起作一禽之戏，恰而汗出，因以著粉，体轻便而欲食"。

五禽戏模仿虎、鹿、熊、猿、鸟动作时，多是俯伏在地上进行，活动量大。练虎戏，学虎之刚健、勇猛。常练可以长气力，粗四肢，使肌腱、骨骼、腰髋关节功能加强；练鹿戏，动作舒展，引申筋脉，可固肾腰；练熊戏，步履沉稳，血脉流通，可开阔心胸，增强记忆力；练猿戏，纵跳自如，手脚轻便，健脾胃；练鸟戏，仿鸟之轻起轻落，可提高平衡机能，增加肺活量。

华佗编成这套健身体操——五禽戏之后，每天坚持操练，使他一生精力充沛。华佗晚年在许都做侍医时，他的徒弟吴普从远道赶来探望他。吴普见到自己阔别多年的老师虽然年事已高，但还是那样谈笑风生，耳聪目明，百疾不生，童颜鹤发。于是，吴普便向华佗求教健身之道。

华佗对吴普说："人的身体应当经常运动，这样，胃肠产生的养份才能被身体各部分充分吸收，血脉才能畅通无阻，同时又能预防疾病。你知道户枢不蠹的道理吗？人的身体也只有经常锻炼才能永葆健康，我们当医生的，不但要给人们治病，还要经常向人们介绍锻炼身体、防病健身的方法和道理。所以我编'五禽戏'，几十年坚持操练，收益很大。这就是我老而不衰的原因。"

吴普恳求老师将"五禽戏"传授给他。华佗讲了虎跃，鹿驰，熊奔，猿攀，鸟翔的基本动作要领，将这套"五禽戏"详细的教给了吴普。从此吴普牢记华佗的教诲，坚持长年练习，从不间断。他的身体渐渐强壮起来，到老的时候，他与同龄的老人相比，耳聪目明，牙齿坚固，身体健康，精力充沛。年近八旬还能云游民间，为民治病。吴普一直活了90多岁，是个名副其实的长寿老人。《后汉书》说，华佗因之"年且百岁而有壮容"。他的弟子吴普"年九十余，耳目聪明，齿牙完整。"足见"五禽戏"健身作用之大。

需要说明的是，华佗的五禽戏，套路早已失传。后世之五禽戏，是后人所编，套路不一，动作不一，流派多样。跟华佗时代较近的六朝时梁代名医陶弘景的《养生延年录》，其中辑录了《五禽戏诀》，具体介绍了五禽戏功法，或许与华佗五禽戏相距不远。

也可能正是因为华佗五禽戏失传之缘故吧，故有后世几十种、成百种五禽戏繁衍，形成一支享有盛誉的导引学派。后世人为了不忘其祖，常常在各种五禽戏前，冠以"华佗"二字，一示正宗，二为纪念对祖国医学、保健等做出杰出贡献的华佗。

7. 霍去病踢球震军威

霍去病（前140—前117），河东平阳（今山西临汾西南）人。西汉名将，官至骠骑将军，封冠军侯（古代爵位名）。

西汉时期，汉朝北部疆界长年受到匈奴贵族的侵扰。匈奴进犯汉朝边界后，不断掠夺人民的财物，杀戮汉族官吏百姓，使边疆一带百姓不得安宁。霍去病小时候就十分仰慕将军率兵打仗，幻想着自己有朝一日也能杀向战场，为朝廷立下战功。在他18岁那年，他亲自到汉武帝面前请求出征。武帝见他少年有志，胆识超凡，便答应了他的请求，并赐封他为剽姚校尉，霍去病实现了梦寐以求的愿望，很快他便率军开往前线，首战告捷，立下了赫赫战功，消息传到汉武帝那时，汉武帝十分高兴，对霍去病的军事才能更加赏识。霍去病先后六次出击匈奴，解除了西汉初年以来匈奴对汉王朝的威胁。

霍去病率兵多次打胜仗，除了他有超人的胆略、勇武等原因外，还有一个很重要的因素就是他重视通过在军队开展体育活动，来提高士兵的身体素质并鼓舞将士的士气。

有一次，霍去病在边塞与匈奴作战。一天，他在朦胧的月光中巡视军营时，他发现因为军中缺粮，战士们情绪很消沉。这怎么能打胜仗呢？霍去病苦思冥想，终于想出了一个好办法。

他让军队中的工匠用皮革缝制了一个圆圆的皮球，中间塞满毛发。再命令士兵在宽阔的荒野上修了一个球场，又在球场上挖了些坑，并规定谁把球踢进坑里谁就获胜（就像现在踢足球射门一样）。

随后，他把将士分成若干个队，又把球分给球队，组织各队进行比赛。为了使将士们都能参加这项体育活动，霍去病亲自带头同将士们一起奔跑、欢笑。哪队踢胜，他还奖给酒肉以作鼓励，使这项活动搞的生动活泼。这下不但锻炼了战士的身体，激发了将士的士气，也培养了将士们勇敢拼搏和团结一致的精神。当军粮运到的时候，霍去病率领部队向匈奴发起了猛烈的进攻。将士英勇善战，奔袭一千多里，渡过居延水，征服祁连山，俘虏了匈奴五个王，歼敌三万多人，使匈奴单于军队减少了十分之三。霍去病战战告捷，终于把匈奴打得落花流水。不但守住了边疆，夺回了河西走廊，切断了匈奴和羌的联系，控制了河西地区，还打开了通往西域的道路，实现了从西面包抄匈奴的战略计划，这就是历史上著名的"河西战役"。这次战役的重大胜利，使气焰嚣张的匈奴遭到沉重的打击，也使汉朝西北方面的形势发生了根本性的变化。霍去病因在这次战役中战功卓著，武帝下诏褒奖了霍去病，并封他为冠军侯。

公元前119年，霍去病与大将军卫青奉旨分兵进剿匈奴最后两支劲旅——匈奴左右贤王的部队，霍去病率部出征，入敌境一千多里，歼灭匈奴精锐七万余人，击溃匈奴的主力，迫使匈奴远遁，使南北匈奴重归统一。从此西汉更加强大，疆域扩大，人口倍增，成为名副其实的地大物博、人口众多的国家。

8. 陶侃运砖头练筋骨

陶侃（259—334），字士行（或作士衡），东晋庐江浔阳（今江西九江）人。初为县吏，渐升至郡守，也是东晋时期的一位名将。在击败反晋武装后，任荆州刺史。

祖逖（东晋名将）死后，东晋王朝接连发生几次内乱。晋元帝想抵制王氏势力，王敦起兵攻进建康（今江苏南京），杀了一批反对他的大臣。元帝的儿子晋明帝即位后，王敦又一次攻打建康失败，自己病死了。到了晋成帝（明帝的儿子）的时候，历阳（今安徽和县）镇将苏峻起兵叛变，攻进了建康。东晋的一些大臣束手无策，后来依靠荆州刺史陶侃出兵，花了两年时间，才平定了苏峻的叛乱。

陶侃本来是王敦的部下，陶佩立了战功，做了荆州刺史。有人妒忌他，在王敦面前说他坏话。王敦把他调到广州。那时候，广州还是偏僻的地区，调到广州实际上是降了他的职。

陶侃到了广州，并没有灰心丧气。他每天早晨把一百块砖头从书房里搬到屋外，到了晚上，又把砖头一叠叠运到屋里。人们看到他每天这样做，感到很奇怪，忍不住问他为什么这样做。

陶侃严肃地说："我虽然身在南方，但心里想的是收复中原。如果闲散惯了，将来国家需要我的时候，还怎么能担当重任呢？所以，我每天借这个练练筋骨。"

王敦失败以后，东晋王朝才把陶侃调回荆州任荆州刺史。公元325年提升为征西大将军。

官虽然做得大了，可陶侃还是十分小心谨慎。荆州衙门里大大小小的事情，他都要亲自过问，从来不放松。他常常对他的部下说：

"大禹是个圣人，还爱惜一寸光阴。像我们这种普通人，论智慧和能力，都跟大禹差得很远，更应该爱惜每一分光阴，怎能贪图安逸。"

他部下有些官吏，喜欢吃酒赌博，往往因此耽误了公事。陶侃知道了非常生气。他吩咐人把酒器和赌具都收起来扔到江里去，还把那些官吏鞭打了一顿。打这以后，大家都吓得不敢再赌博喝酒了。

陶侃前前后后带兵41年，由于他注意锻炼身体，执法严明，办事认真，谁都佩服他。

9. 祖逖闻鸡起舞

祖逖（266—321），字士稚，范阳逎县（今河北涞水县北）人。东晋名将。

公元317年，晋朝皇族司马睿在江南建立政权，建都建康（今江苏南京），史称东晋。东晋统治集团只想偏安江南，不图收复中原。南渡的人民思念故土，要求同留在北方的人民一起抗击外来侵略者。祖逖就是当时主张北伐恢复中原的代表人物。

祖逖有一位极为知己的好朋友，名叫刘琨（271—318），字越石，中山魏昌（今河北无极）人。祖逖和刘琨同为司州主簿，两人志同道合，感情也特别好。有一段时间，他们同睡在一张床上，共用一条被子，谈论国家大事，有时通宵达旦而不知疲倦。每天雄鸡报晓，他们就起床在庭院里舞剑，来锻炼体魄和意志，练习武艺，准备随时好报效国家。有一天，刚到半夜鸡就叫了，祖逖照样把刘琨叫醒，说"此非恶声也！"意思是说，半夜里鸡把我们叫醒正是促成我们干一番事业，这不是什么坏声音啊！于是两人就乘着月光舞剑到天亮。经过长期的、艰苦的锻炼，不仅强壮了他们的身体，也提高了武艺，因而进一步增强了他们干一番大事业的决心。

公元 311 年，匈奴贵族刘聪攻陷了西晋的京城洛阳。祖逖和当时许多北方人一样，扶老携幼到南方避难。在长途跋涉的路途中，他主动指挥群众，将自己的车马让给老弱病幼的人，还将自己的粮食分给缺粮的人，所以一到泗口（今江苏境内），大家都推选他为首领。后来他们渡江到京口（今江苏镇江）定居下来。这时江南还没有战争，生活上比较安定，但北方各族统治者争夺地盘，互相作战，这对西晋收复中原是一个极好的有利时机。祖逖抓住这个时机向当时的琅琊王司马睿建议："国家的动乱，胡人的入侵，完全是由于王室争权而引起的。现在百姓虽然遭受战争的痛苦，可人人都怀着奋起杀敌的决心。如能让我率领一支军队北伐，各地的英雄豪杰一定会起来响应，国家的耻辱可洗雪，中原的故土可恢复。"司马睿安于现状，不想北伐，可又不好说反对，就给祖逖以奋威将军、豫州刺史的官衔，只给他千人口粮，3000 匹麻布，无一兵一卒，一刀一枪，让他自行招兵买马，出师北伐。

公元 313 年，祖逖带领随从他流亡到江南的亲族和同乡百余家，渡江北上，准备收复失地。当祖逖率领船队行驶到长江中流的时候，他击楫并郑重严肃地向着江水、向着部属发誓说："长江可以作证，我祖逖如不能收复中原，誓不回江东!"

过江以后，他在淮阴屯驻，一面打造兵器，一面招兵买马。淮河流域的农民纷纷参加，很快就组成了一支 2000 多人的队伍，得到了各地人民的积极响应。祖逖收复北方后，还在这个地区发展农业生产，招收从匈奴和羯族统治地区逃亡出来的人民，改善军民生活，受到了人民的称赞。

10. 葛洪提倡"胎息"养生法

东晋时期著名医学家葛洪，著有《肘后方》、《金匮药方》、《抱朴子》等书。其代表作是《抱朴子》，分内外篇。内篇 20 卷，谈"神仙方药，鬼怪变化，养生延年，禳邪却祸之事"。外篇 50 卷，评论"人间得失，世事臧否"，反映作者内神仙而外儒术的根本立场。

葛洪的养生方法主要体现在《抱朴子》内篇之中，他的养生方法，概括起来，就是"服丹守一，与天相毕；还精胎息，延寿无极"；"以药物养身，以术数延命，使内疾不生，外患不入。"这些方法中，有精华，也有糟粕。

葛洪作为一个医学家，他的养生之道，在附和神仙方术的同时，还继承了前人的导引术（导引是中国古代的医疗体育和养生方法）。他提倡"胎息"，即模拟胎儿呼吸的行气方法，强调"导引"。他说："养生之尽理者，……朝夕导引以宣动荣卫，使无辍阂。"他所讲的"荣卫"，是指人的营养作用和防卫机能，通常泛指祖国医学所讲的"气血"。"宣动荣卫"，就是畅通气血，使它不滞着受阻，引起疾病，从而达到健身目的，即"疗未患之患，通不和之气"。葛洪对"导引"的这种认识是积极的、正确的，是他养生思想中的精华。

在导引的形式和方法上，葛洪提出："夫导引不在于立名、象物、粉绘、表形、著图，但无名状也。或屈伸、或俯仰、或倚立、或踯躅、或徐步、或吟、或息皆导引"的见解。这段话的意思是，导引的形式和方法，不要拘泥于名称、图像、术式，不管坐、卧、立、走，都可以随意"导引"。葛洪的这些见解，为导引的推广、普及和创新，提供了极为有利的条件。

葛洪的养生方法具有一定的开拓性，不拘泥于某一种方法。他作为一个医学家除了重视药养之外，还重视"行气"。"行气"是道家的吐纳之道。他在《抱朴子·至理》中重申了他对"行气"的看法："服药虽为长生之术，若能兼行气者，其益甚速。若不能得药，但行气而尽其理者，亦得数百岁。"

葛洪重视"行气"养生，并主张用"胎息法"。其具体方法是："鼻中引气而闭之，阴以心数至一百二十乃已。吐之及引之，皆不欲令自耳闻其气出入之声，常令入多出少，以鸿毛著鼻口之上，吐气而鸿毛不动为喉也。渐习转增其心数，久之可以至千。"

葛对呼吸与寿命长短的关系的认识，虽然不可能达到现代科学认识的高度，但他倡导的"胎息法"，类似印度的瑜伽术（一种调息、静坐的方法）。瑜伽师认为，呼吸与寿命有密切的关系，并用了一些事实来证明：狗每分钟呼吸 50 次，活 14 年左右；大象每分钟呼吸 20 次，活百年；蛇每分钟 2—3 次，活 500 年左右；人每分钟 14—16 次，活百年以上。他们的结论是呼吸越少，寿命越长。这个结论与葛洪"胎息"养生法有共同之处。至于这个结论是否科学，这是医学上的研究课题，我们这里暂且不论。但葛洪的"胎息"养生法，的确为中国的养生学和医学提出了一个十分有价值的研究课题，这是很了不起的，也是对养生理论的一大贡献。

葛洪关于养生的方法所涉及的面比较广，他在《抱朴子·内篇·极言》中谈到了一些养生方法。他在书中提到："养生之方，唾不及远，行不疾步，耳不极听，目不久视，坐不至久，卧不及疲，先寒而衣，先热而解，不欲极饥而食，食不过饱，不欲极渴而饮，饮不过多。……不欲甚劳甚逸，不欲起晚，不欲汗流，不欲多睡，不欲奔车走马，不欲极目远望，不欲多啖生冷，不欲饮酒当风，不欲数数沐浴，不欲广志远愿，不欲规造异巧。冬不欲极温，夏不欲穷凉，不露卧星下，不眠中见肩，大寒大热，大风大雾，皆不欲冒之。"衣、食、住、行各方面都讲到了，突出了以"养"为主，不足之处是缺乏"动"，基本上属于保守的养生方法。

11. 王羲之练"鹅掌戏"

王羲之，从小喜爱写字，据说他平时走路的时候，也随时用手指比划着练字，日子一久，连衣服都划破了。经过勤学苦练，他写出的字，如"龙跃天门，虎卧凤阙"，气势飞动。他的书法为历代学书者推崇，被尊为书圣，影响极大。

王羲之书法高妙，除了他超乎常人的勤学苦练书法基本功，注意锻炼身体，有一个强健的体魄，也是他成功的重要原因。王羲之为了写好字，特别注意臂力、腕力、指力的锻炼，他经常练刀、练剑；经常到江边捡起大小不一、形状各异的卵石，时而握入掌中，振臂抛出；时而将大如盆盂的卵石托在掌中，上下翻动，再投入河中；时而又把小如弹丸的卵石夹在指间，向远处弹去。为了更有效地锻炼身体，他还自编了一套健身体操——鹅掌戏，这不但锻炼了身体，也启发了他的书法技艺。

说起鹅来，王羲之不论写字还是健身，都与鹅有关。在这方面，有许多佳话被后人作为故事所传颂。

王羲之大概是先天不足，幼时迟钝笨拙。他吐字不清，常把"我"字说成"鹅"。再加上他走起路来，摇摇摆摆，活像一只笨鹅。于是"笨鹅"便成了他的混名。当初，谁一说出"鹅"字，他就恼怒，后来听惯了，也就不觉得什么了。

王羲之小时候，常常站在池旁河畔，凝神注目地观赏鹅的习性和一举一动，他用于健身的"鹅掌戏"就是根据鹅掌划水的动作创编出来的。王羲之看到那一群群雪白的鹅，挺着胸，伸长脖子，貌视粪土中的鸡群，污水中的鸭子，宛如一个昂首天外的才子或凯旋归来的将军。鹅爱干净，白毛红足鹤顶红，非清澈的碧波不游，志趣何等高洁！由此，他又想到了天鹅，飘逸洒脱，大有君子之风度，实在逗人喜爱。就这样，王羲之渐渐地爱上了鹅，并且随着年龄的增长，愈爱愈深。

王羲之爱鹅成癖。晚年弃官回家，迁居山阴（旧县名，今绍兴），原因之一是山阴为水乡泽国，不仅山清水秀，风光幽美，而且养鹅的特别多。他见了鹅就挪不动脚，痴痴呆呆地看不够。

许多艺术家都有他的特殊癖好，有的爱种花，有的爱养鸟，有的爱养鱼。但是王羲之却有特殊的爱好——养鹅。不管哪里有好鹅，他都有兴趣去看，或者把它买回来玩赏。

山阴地方有一个道士，酷爱王羲之的书法，苦于无法晋见。他听说王羲之有爱鹅之癖，立志养鹅驯鹅。他养的一群鹅，能按他的号令列队起舞，齐声鸣叫。喂食的时候，能一齐进食，不争先后。王羲之路过此地，专门拜访，果然名不虚传。当王羲之离开他家时，群鹅列队欢送，大有依依不舍之情。王羲之见此情景非常受感动。于是，王羲之同这个道士商量要买下这群鹅。道士说：“贱贵不卖，可是如给抄一本《道德经》，便可赠送。”王羲之喜出望外，当即返回，俯案疾书。时天气炎热，挥汗如雨，他也顾不得擦，一直抄了七天七夜，才换来这群“义士鹅”。这段白鹅换书的故事，一直被后人传为美谈。

王羲之幼年虽笨，可舍得下笨工夫，终于由笨变巧，成了一代书圣。王羲之所以能成为书圣，原因固然是多方面的，但很重要的一个原因是与他一生爱鹅、养鹅有关。据说，王羲之在鹅身上悟出了不少书法道理。他认为，字虽由手写出，然而却是真情实感的心灵流露，所以说，学书法不能仅仅限于笔端纸面之间，还要研究一番写字与做人的学问，只有人品高洁，书法才能超凡入圣。这里的"人品高洁"就是从鹅的习性中悟出的。好鹅如一团白雪，莹莹发光，一尘不染，喜欢在清水中游动，羽毛本来已经很白，还要经常在干净的水中洗涤，这不正是鹅的高洁之处吗？人品就应该像白鹅这样高洁。王羲之正是按照这种品格来修养自己的，这或许就是"人品高洁，才能书法超凡"的缘故吧。

王羲之成为一代书圣，并非一日之功，而是终生刻苦练习的结果。要终生不间断练习，就必须有一个健康的体魄。王羲之长期操练"鹅掌戏"，使他身体强健，这为他终生苦练书法奠定了重要的基础。所以说王羲之的书法艺术能达到炉火纯青的程度，与他长期操练"鹅掌戏"是分不开的。

12. 颜含健身重健心

颜含，字弘都，东晋时任光禄勋，负责宫廷侍卫及掌管侍从官员事务。

颜含为人品行端正，诚实不苟，以对人友好而著称。他的哥哥颜几得病，卧床不起，他侍奉了13年之久。他的嫂嫂双目失明，他俸养至痊愈。人们无不为他的高尚品德所感动。

颜含注重个人修养，有发人深思的独到见解。

他认为，自身修养水平的高低，在别人身上可以得到印证。有一年，大家围绕着"王导是皇帝的师傅，名声大、地位高，官员见他是否需要下拜行礼"的问题展开争论。此时，颜含已经年老退职，有人来征求他的意见。他很不高兴，可最后还是做了回答，他说："王导虽然名位尊贵，可是仍属臣民，应按常礼相待。否则，便有沿媚之嫌。也许是我老了，不合时宜了吧?"

事后，颜含讲了一个故事：春秋时，鲁国国君问柳下惠："我想去攻打齐国，如何?"柳下惠回答："不可。"柳下惠回答后很不愉快，说："我听说，打算入侵别国的人，是不会向有道德的人征求意见的。他为什么来问我呢?"

颜含讲完故事叹道："刚才有人跟我谈起了讨好别人的事，我大概也有了不端的行为吧!"从此，颜含更加注重修养自身的品德。

他还认为，人的寿命长短，是和自身的品格修养分不开的。有一天，颜含遇见了善于占卜的郭璞。郭璞讨好地要给颜含算命，对他说："我想给先生占卜，并保先生福如东海，寿比南山!"颜含听了，捋着胡子摇头说："寿命长短在于天，名位高低在于人。努力修养自身而不能长寿的，是命运问题；努力恪守正道而不被人理解的，是秉性问题。寿命原是自有的，我努力修养就是。敬请不必烦劳!"

颜含离职后，还过了 *20* 多年退休生活，*93* 岁去世。

颜含修养自身的独到见解，确实发人深思。

13. 孙思邈的贵己养生术

孙思邈（*581—682*），京兆华原（今陕西耀县）人。他生活在隋末唐初年间，活了 *101* 岁，是唐代著名医学家、养生家。

孙思邈幼年时，他体弱多病，深知病魔缠身的痛苦。因此，他从小立志学医，做一个治病救命的好医生。特别是当他看到许多穷苦的老百姓生了病没有钱医治，只好悲惨地死去，加上自己的切身体会，心中产生一个念头："救活一条人命是多么重要啊! 人的生命真是比黄金还要贵重。黄金用钱能买到，可是人的生命是花多少钱也买不到的。"他暗暗下决心，要认真学习医术，当个医生，好去抢救成千上万的病人。

据《大唐新语》介绍，孙思邈"七岁就学，日诵千言，及长，善谈庄、老、百家之说。"看来，他是一个聪颖好学、学识渊博的人。隋文帝杨坚、唐太宗李世民、唐高宗李治，都曾经授予他官职，但都被他一一谢绝，他甘愿在乡里行医，为人民解除疾苦。他总结了唐以前的临床经验和医学理论，收集方药，于公元652年写成《备急千金要方》30卷，另一部书是他100岁时写成的《千金翼方》30卷。这两部书简称《千金方》，为什么叫《千金方》呢？他在《千金要方·序》中说：取名《千金方》，包含着"人命至重，有贵千金，一方济之，德逾于此。"反映了他认真负责的高尚医德以及他在书中所收5300多个方剂的实用价值。后人为了纪念这位医道精湛、医德高尚的民间医生，把他尊称为"药王"，把他生前隐居和经常采药的五台山称之为"药王山"，并在那里建有"药王庙"。

医学与养生学是密不可分的，大医学家孙思邈对养生学也颇有研究。他在《千金方》、《福禄论》、《摄生真录》、《摄养枕中方》等书中，记载了不少养生理论和养生方法。他崇奉道教，继承了不少道家的养生方法，但他毕竟是一个医学家，懂得人要适时而动，以调和荣卫，舒畅血脉。所以他说："养生之道，常欲小劳，但莫大疲及强所不能堪耳。且流水不腐，户枢不蠹，以运动故也"。孙思邈的这些话，显然是古代"动以养生"思想的继承。它包含有两个意思：一是人体要经常活动，二是活动不要过量，要量力而行。孙思邈讲"劳"，不是某些人所理解的专指田间劳动，而是包括按摩、散步、动摇四肢在内的身体活动。这些身体活动的目的，是为了健身治病，而不是为了别的。

孙思邈说："食毕摩腹，能除百病。……食毕行步跩蹰，则长生。"这是孙思邈开的一张"运动处方"，指出了饭后行步、摩腹，有助于祛病健身。

饭后行步、摩腹，是孙思邈对古人饮食养生方法的一个发展。早在春秋战国时期，古人就把"食饮有节"与"法于阴阳，和于术数，起层有常，不妄作劳"一同看成是"尽终其天年，度百岁乃去"的方法。东晋的葛洪在"食饮有节"的基础上提出了"饱食即卧，伤也"的见解，认为饭后马上躺卧，容易伤害身体。南朝时期的陶弘景，则更明确地指出："养生之道，不欲饱食即卧"。"不欲饱食即卧"，那么，饱食后该怎么办呢？没有人说。孙思邈根据他的体会，提出了饭后要行步，摩腹的主张。这比单纯强调"食饮有节"或消极地警告"不欲饱食即卧"，显然是一个进步。这个进步，表现在突出地强调了一个"动"字。饭后摩腹、行步，有助于加强肠胃蠕动，有助于消化液分泌，从而使食物得到充分消化和吸收，增强机体营养物质，提高人体抗病能力，达到祛病延年的目的。

饭后摩腹、行步，是一种简便易行，但又常被人们所忽视的健身方法，孙思邈把这种方法与其他方剂列入传世的《千金方》之中，足见他对这一养生方法的重视。后世流传的"饭后百步走，活到九十九"这句卫生谚语，就是对孙思邈这一养生方法的高度概括。

孙思邈除此之外，对古代的"导引术"也很重视。他在《备急千金方》中，搜入了"老子按摩法四十九势"和"天竺婆罗门按摩法十八势"。取名"天竺婆罗门按摩法"，可能吸取了古印度的导引方法。据孙思邈书中说："依此行三遍者，一月后除百病，行及奔马，补益延年，能食，眼明，轻健，不复疲乏。"真是有病治病，无病健身的好办法。

中国有句古话叫"人生七十古来稀"，意思是说，自古以来，能活到七十岁以上的人是不多的。孙思邈从小多病、体弱，却活了101岁，到公元682年才去世。这与他从小注重锻炼、多活动和重视保养身体有直接关系。孙思邈既勤锻炼，又讲究卫生。他提出要人们

91

养成讲卫生的好习惯，劝人不要随地吐痰，不要把头蒙在被窝里睡觉，要按时吃饭，不要吃得过饱，还要细嚼慢咽，吃饭以后要漱口。他每天都做气功，锻炼身体，常到野外采药，呼吸新鲜空气。因此，他20岁以后，身体由弱变强，面色红润，精力充沛。到100岁时还能著书立说，完成了《千金翼方》这部巨著。他的这部巨著是对他70岁写成的《千金要方》的补充和修正。他在书中将多年的养生经验，结合医学理论，编成了歌诀，广为流传。如"卫生歌"、"枕中记"、"养生铭"等。歌铭中有"侵晨一盘粥，夜饭莫教足"，意思是早晨宜吃粥，晚饭莫过饱。"食饱行百步，常以手摸腹"，意思是饭后要做适当的活动，并以手轻揉腹部。"撞动景阳钟，叩齿三十六"，意思是晨起做叩齿运动，可健齿生津。"大寒与大热，切莫贪色欲"，即过寒、过热的天气莫同房。"坐卧不当风，频于暖处浴"，即不迎风坐卧，勤洗热水浴。"再三防夜醉，第一戒神嗔"，即千万不要醉酒，最重要的是避免发怒。"安神宜悦乐，惜气保和纯"，即保持乐观情绪，珍惜精气。"寿夭休论命，修行在个人"，即不要认为人的寿命长短是命中注定的，而在于每个人自己是否善于调节养生。

孙思邈有关养生之方十分丰富，而且像他这样从医学的理论和临床经验出发谈养生之道，特别是他集古人养生之大成，并在此基础上加以发展，使之系统化，这在人类历史上还是不多见的，他不愧为中国古代养生专家，他能活到101岁，也足以证明他的养生之道是科学的，很多是值得后人去效法的。

14. 武则天首创武举制

武则天（624—705），名曌。并州文水（今山西文水东）人。

武周皇帝，也是中国封建王朝中著名的女皇帝。她14岁时被唐太宗选入宫为才人，唐太宗死后，她曾一度为尼。唐高宗时夏被召为昭仪，永徽六年（655）立为皇后，参与朝政，载初元年（690），自称神圣皇帝，改国号为周，史称武周。

武则天在位期间，进行了不少方面的改革。改革科举制度就是一例。她改革科举制后，创立了殿试制度，亲自考试贡士；令九品以上官和百姓可自行荐举；规定五品官都可升入士流。她为了选拔将才，于公元702年首创"武举制"。这个制度的创立，对唐代体育的发展起过一定的积极作用，同时，也开创了中国以"武"取才的先例。

据《文献通考·卷三十四》记载，武举制的内容有"长垛马射、步射、平射、筒射，又有马枪、翘关、举重、身材之选。翘关者长一丈七尺，径三寸半，凡十举，右手持关，距出处无过一尺；负重者，负米五斛，行二十步，皆为中第。"

从这一段关于武举制的内容中可以看出，武举的内容很丰富，对被试者的要求也比较高，它包括了作为一个将官必须具备的身体素质和体育技能。这就要求应试者必须刻苦锻炼，增强体质，掌握高超的体育活动技能和技巧。而学习和掌握这些内容的过程，就是一个健身的过程。

武则天创建武举制，无疑对唐代军事体育和民间体育的发展起到了一定的促进作用。其影响作用还不仅在于此，而对于唐以后的宋、金及明、清各代，也有较大影响，后来的各朝代都仿照唐代实施武举制度，从而也不同程度地促进了宋、金、明、清时期体育的发展。

15. 颜真卿书房练臂力

颜真卿（709—785），字清臣，京兆万年人。唐代大臣，著名大书法家。

颜真卿一生潜心研究书法，在继承了"二王"（王羲之、王献之父子）的传统基础上，他博采众家之长，书法初学褚遂良，后从张旭得笔法，并把篆、隶、行、楷糅为一体，使他的正楷端庄雄伟，气势开张；行书遒劲郁勃，古法为之一变，形成了"颜体"，开创了新风格，对后世影响很大，人们将他与柳公权的"柳体"并称为"颜柳"。颜真卿在我国古代乃至今日，之所以有那么大的影响，除了他在书法方面刻苦钻研，下了惊人的工夫外，他为了使自己的字写得更好，还特别注意锻炼身体，颜真卿书房练臂力，一直被人们赞颂。

颜真卿自小很苦，他3岁没了父亲，家里穷透了气，他母亲只好领着他到姥姥家里过日子。真卿的母亲殷夫人很有学问，她见儿子聪明伶俐，从小有志气，是个成才的好料。殷夫人决心把儿子教养成器，便亲自教真卿写字、读书。娘费尽心血教，儿吃书一般地学，不上几年工夫，颜真卿便习得满腹学问了。殷夫人想："如今我儿已在为娘手里出了师，万不可让他半道上松下劲来。我看他书法习得格外上心，那笔字儿写得满有点根基，若能再下一番苦工，日后定能学出名堂。眼下应该让他出外去投奔名师学艺，一来让他闯闯世面，二来磨练磨练他的筋骨，三来让他早成大器。"就这样，母亲带着儿子投奔了名师，使颜真卿在书法方面迈出了关键的一步。

颜真卿在练书法过程中，始终与锻炼身体结合起来，他把锻炼身体，练臂力，看作是练好字的一项基础。

一天，他正在槐花如雪、芳香四溢的槐树下练习"五禽戏"，仆人报告："有客人来访。"他一直把操作完，才抹着额上的汗水，匆匆走进书房，接待客人。

他来到书房，一看来访的客人都是些书法家。寒暄过后，谈到怎样才能练好书法时，颜真卿说："要写好字，臂、腕必得有力。臂举千斤，写出来的字才能遒健苍劲！我不但经常锻炼身体，使自己有一个强健的体魄，同时还经常在书房里练臂力。今天，我请你们看一种在书房里就可以练臂力的好方法。"说着，他拿过两把藤椅放好，自己站在中间，手抓椅背，做起双臂伸屈来了。颜真卿每次屈伸都做得一丝不苟，一口气竟做了一千多次。当他放下藤椅时，客人们都称赞道："好臂力！好臂力！"他笑了笑说："没什么，只要苦练，谁都可以做到。这不但有利于书法，还能强身健体。"

颜真卿的书法别具一格，与他的独特锻炼方式有直接关系。练书法与练臂力、腕力并举，这应该算是颜真卿练书法的一大"绝招"。有人说颜真卿的书法风格像他本人一样：骨骼雄健、精神饱满、气势超俗。人们喜爱颜真卿的书法，更赞扬他的骨气，世世代代学"颜体"的人为啥格外多呢？说来说去，就是这个理儿。人们在欣赏"颜体"的书法风格的同时，也从中学到了做人的骨气。

颜真卿一生书法成就很大，人称其书法为"颜体"，可见其书法不仅自成一体，而且影响深远。颜真卿最著名的碑刻作品有《多宝塔碑》、《麻姑仙坛记》、《李元靖碑》、《颜勤礼碑》、《颜家庙碑》等。行书有《争坐位帖》。书迹有《自书告身》、《祭侄文稿》。后人辑有《颜鲁公文集》。

颜真卿不仅是一位对后世影响很大的书法家，同时又是为维护中央集权和国家统一，同分裂势力作过斗争，最后在叛贼的绞索下，宁死不屈的爱国者。

颜真卿是唐玄宗开元年间的进士，官至殿中侍御史（中央的监察官）。他办事公正，不畏权贵，因而得罪了宰相杨国忠，被杨国忠排斥到地方上，担任平原（今属山东）太守。当安禄山谋反的阴谋活动刚露头的时候，颜真卿就看出安禄山将来一定要谋反，暗地里筹划应变的准备。唐玄宗天宝十四年（755），安禄山在范阳起兵叛乱，颜真卿就招募勇士1万多人，竖起讨伐安禄山的大旗。

唐德宗继位后，想改变藩镇专权的局面，结果引起藩镇叛乱，共有五个藩镇叛乱，其中淮宁节度使李希烈势力最强。他自称天下都元帅，派兵攻陷汝州（今河南临汝），打到东京洛阳附近，使朝廷大为震惊。宰相卢杞平时记恨颜真卿，想乘藩镇叛乱的机会陷害他。因此，就向唐德宗建议："颜真卿威望很高，何不派他去劝导李希烈，不用动一刀一枪，就能把叛乱平息下去。"有些正直的大臣识破了卢杞借刀杀人的阴谋，就秘密启奏唐德宗，劝阻这种做法。唐德宗却听不进正确意见，还是决定派颜真卿去见李希烈。

这时候，颜真卿已经70多岁了，他不顾自身的安危，带着自己的侄子颜岘和随从官吏，来到汝州。到了汝州之后，李希烈就把颜真卿关起来，还叫兵士们在拘押颜真卿的庭院里挖了一个大土坑，扬言要把他活埋。第二天，李希烈来看他，颜真卿轻蔑地说："我的死已经定了，何必玩弄这些花招。你把我一刀砍了，岂不更痛快！"

唐德宗贞元元年（785），叛将朱泚兵败被杀以后，李希烈预感到自己末日已到，决定杀害颜真卿。他派了个亲信冒充朝廷的使者，向颜真卿宣读诏书说："赐颜真卿死。"当颜真卿发现这个使者是大梁来的时，就严词痛斥逆贼。这位刚毅忠诚，反对分裂割据，跟叛贼斗争了大半生的爱国忠臣，最后终于被叛贼杀害了。次年，李希烈被部下杀死，淮西叛乱平定，颜真卿的灵柩才被运回长安。颜真卿虽然最后死在了叛贼的绞索下，但他无畏的精神，却一直感召着后来成千上万的正义者。

16. 柳宗元顺其自然以养生

柳宗元（773—819），字子厚，河东蒲州（今山西永济县）人，世称柳河东，他不仅是唐代文学家、哲学家，对健身也颇有独到见解。主张养生应顺其自然。

柳宗元在学术上兼取百家之见，治学严谨不苟，不受儒家思想束缚。在哲学上继承了前人"气"一元论的唯物主义观点，作《天说》驳斥了韩愈的天命论。他不仅肯定物质的自然存在，而且进一步肯定了物质的自然运动，他认为天地都是自然形成的、自然运动的，没有任何外力，更没有任何神力去推动它，这种"自然说"，从认识论的根源上打击了"天命论"的传统思想，把无神论思想提高到一个新阶段，其影响十分深远，也影响到体育思想的发展。柳宗元本人从他的"自然说"出发，对养生健身问题提出了独到见解，他主张养生也应顺其自然。他说："庄子言天曰自然，吾取之。"又说："生死浩浩，天地漫漫，绥之则寿，挠之则散。"柳宗元取道家自然之说，其养生思想也主张顺其自然，这是柳宗元论养生中的主导思想。

柳宗元讲养生顺其自然，从其所著《郭橐驼传》中可以体会到他的精神。文章中说："橐驼非能使木寿且孳也，能顺木之天以致其性焉耳。……其天者全而其性得矣，故吾不害其长而已，非有能硕茂之也。不抑耗其实而已，非有能早而蕃之也。"如果"爱之太殷，忧之太勤，且视而暮抚，已去而复顾。甚者爪其肤以观验生枯，摇其本以观其疏密，而木之性日以离类，虽曰爱之，其实害之，虽曰忧之，其实仇之。……闻者嘻曰：不亦善夫，吾闻种树得养人术，传其事以为官戒也。"柳宗元说的:"吾闻种树得养人术",其"养人术"是以种树喻为政生民之道,也包括了以种树喻养生之道,用以说明种树、养生都必须顺其自然本性,才能尽其天年,如果惴惴以养生为务,就不但无益而且有害了。

柳宗元讲养生要"固其本,养其正",这和《郭橐驼传》中讲种树要顺其自然是一个意思。他要求人"时动以取其当"。"调药石,时饮食,生血补气,强筋植骨,荣卫之和膂力之刚"。其固本、养正是要人和其心志,不做非分之想,再加上顺应时令做适当地运动,服食药饵,饮食得当,使血气足、筋骨强、荣卫和、力量大,求得心理、生理上的全面健康,柳宗元的这些养生思想是值得重视的。

柳宗元讲养生要顺其自然,同时肯定了死生是自然规律,反对长生不死的神仙之说,他说:"仙者幽幽,寿焉孰慕。短长不齐,各有所止,胡纷华漫汗而潜谓不死。"又说:"铿羹于帝、圣孰滋味、夫死自慕,而谁飨以俾寿。"这两段话是说:离开人类社会去成仙,根本不值得效法,不可相信。人寿有长短,死生是自然规律,说人能长生不死是骗人的胡说。说彭祖(传说故事人物,姓筊名铿,传说他生于夏代,活了800余岁,一说767岁)寿活800是没有道理的无稽之谈。他的这种思想在其诗中表达的更为清楚,他说:"久知老会至,不谓便见寝;今年宜未衰,稍已来相寻。齿疏发就种,奔走力不任;咄此可奈何,未必伤我心。彭聘安在哉,周孔亦已沉;古称圣寿人,曾不留至今。"讲得入情入理,实在深刻!

柳宗元在古代时期能对人的养生问题认识的这样清楚,以及他对待生死的态度,至今令人钦佩不已。

17. 白居易以乐养生

白居易虽自幼漂泊，饱经忧患，但养生有方，享年75岁。可以说是一位高寿诗人。白居易的诗篇中，有不少诗句抒写了他的养生之道。

白居易的养生方法有两种：其一，勤练气功，疏通气血；其二，游览名胜，陶冶身心。

"负宣闭月座，和气生肌肤。初似饮醇醪，又如蛰若旁，外融为骸畅，中适一念无，旷至妄所存，心与虚俱无。"诗的意思是：关着门在幽静的室内练功，练出温和之气，可以使肌肤结实，皮肤健美。起初像喝了甘美的酒如痴如醉，又好像昆虫冬眠，全身乐融融地十分舒畅，好像进入一个极其空旷、虚静的地方，一点杂念也没有了。白居易忙碌了一天，浑身倦怠，夜晚归来，通过练气功调整身心，恢复了精力。

"湛湛正泉色，悠悠浮云身。闲心对定水，清静两无尘。手把青筇杖，头戴白纶巾。兴尽下山去，知我何语人。"意思是说：西湖玉泉湛清，漫游其间就像悠悠飘荡的浮云。以安闲的心情去看那无波无浪的泉水，我的心也像泉水那样洁白恬静，不染一尘。手挂青竹拐杖，头戴白色纶巾，边走边看。直到尽兴才下山，我已完全陶醉在大自然的美景中，连自己都忘了。这是白居易的一首典型的游览诗。白居易闲居无事时，便与农田菜圃为邻，清晨踏着露水耕地除草，然后荡起小舟去游玩，或闲庭散步，或柳荫赋诗，恬然自乐。

白居易对当时士大夫阶层所流行的求仙学道，服石炼丹，以求长生不老的做法非常反感，他说："莫学长生去，仙方误杀君。"白居易还认为，人的寿命长短，并不在于肥瘦贫富："未必得年非瘦薄，无妨长福是单贫。"

白居易一生胸怀宽阔，情绪乐观。从16岁时写的"野火烧不尽，春风吹又生"，到老年时作的"生事纵贫犹可过，风情虽老未全销"，都显示了他乐观向上的精神。

18. 欧阳修"以自然之道，养自然之生"

欧阳修（1007—1072），字永叔，自号醉翁、六一居士。吉水（今属江西）人。北宋文学家、史学家。

欧阳修4岁丧父，家境贫穷，母亲曾含辛茹苦地教他学文化。宋仁宗天圣八年（1030），24岁的欧阳修考中进士，从此就开始在地方和中央做官。曾任西京留守判官、河北都转运使等职，还在滁州、颍州、青州等地做过地方官。在朝廷中，他担任过翰林学士、礼部侍郎，后来又升任枢密副使、参知政事等职。

欧阳修是一位比较开明的政治家，他反对佛道，主张澄清吏治，减轻百姓负担。他很重视人才，曾向皇帝上书，评列文官武将之短长，以备任使。他也是一位散文家、诗人、词人，是当时文坛的领袖，是唐宋八大家之一。他一生的文学活动和在文学创作上的成就，在我国文学史上占有光辉的一页。他在史学和考古方面也有相当的成就。他曾经主持过《新唐书》的编纂工作，而且独自写成了一部《五代史记》和一部有价值的考古学专著《集古录》。他的大部著作收在《欧阳文忠集》里。

欧阳修在体育方面重视军事武艺，有自己的养生主张，重视游憩并经常参加旅游、射箭、下棋等活动。又曾删正《黄庭经》，专著

《九射格》。看来，他对体育和养生之道也有比较深的研究。

欧阳修讲养生，其主导思想是以自然之道，养自然之生。基于这种思想基础，他首先批判了神仙长生，反对妄意贪生。欧阳修自号"无仙子"，他说："其自号无仙子者，以警世人之学仙也。其为言曰，自古有道无仙，而后世之人知有道而不得其道，不知无仙而妄学仙，此吾之所哀也。"他认为："道者自然之道也，生而必死亦自然之理也。"神仙是不存在的，长生不死也是不可能的。"长生既无药，仙境不可到，人生不免死。"他认为神仙长生只是自欺欺人之谈。他说："空山一道士，辛苦学延龄；一旦随物化，反言仙已成；开坟见空棺，谓已超青冥；尸解如蛇蝉，换骨蜕其形；既云须变化，何不任死生！"又说："仙者得长生，又云超太虚；等为不在世，与鬼亦何殊。"他明确否定神仙的存在，批判长生不死的迷信思想，这种认识是科学的。

在此基础上，欧阳修提出了"以自然之道，养自然之生"。这是他养生思想的核心。欧阳修认为，"天地任物之自然，物生有常理"。人若善养其生，就必须顺其自然之理，绝不妄意贪生伤害自己，这就是他说的"上智任之自然"。他在《赠无为军李道士二首》中说的："唯当养其限，自然烨其华。又云理身如理琴，正声不可于以邪。"就是这个意思。

对"上智任之自然"，欧阳修没有做更多的具体解释。但他在有关论述中提倡的养生之道是以静以养气为主。他说"厥生而静谓之性，触物而动感其欲"。静是人的天性，而动是受物欲影响产生的。基于其主静的思想，他对养生中"有以此外物不足恃，而反求诸内以者。于是息虑绝欲，炼精气，勤吐纳，专于内守，以养其神。其术虽本于贪生，尚或可以全形而却疾，犹愈于肆欲纵情从害其生者，是谓养内之术。"对这种养生之术，欧阳修是持支持态度的。因为他认为人绝大多数都要寓心于物，"不寓心于物者，真所谓至人也。"

只有这种至人才能做到"以自然之道养自然之生"，但必须是寓于有益之物，在养生中能息虑、绝欲、炼精气、勤吐纳、专于内守，以养其神；既可以"全形以却疾"，又不害其性情。这种主静以养气的养生之术，是欧阳修重视并支持的。从中可以看出，欧阳修的"以自然之道，养自然之生"是以主静为前提的，是"静以养气顺其自然的"。

欧阳修提出的"静以养生"，并不是不要活动，而是要"寓心于有益之物"。欧阳修很重视游息活动。他经常郊游，并创造条件和百姓一起活动。他写了《九射格》，经常做射箭游戏，还很喜欢下棋。他的游息活动，四季不停，内容多样。他为了吸引百姓郊游，把韩稚圭送给他的芍药花种在丰乐亭附近，吸引更多的人郊游。欧阳修还在郊游中搞射箭，下棋等活动，把一切活动都游戏化了。当然，欧阳修热心于郊游、棋、射活动，并不是单纯的为了玩，而是为了寓心于有益之物，以有利于养生。他说："醉翁之意不在酒，在乎山水之间也，山水之乐得之心而寓之酒也。"他并不醉心于酒，而是醉（寓）心于山水之间，他把游息作为寓心于有益之物的养生手段。可见，欧阳修的养生之道，在古人当中是比较独特的。

在欧阳修的养生思想中，批判神仙长生，反对妄意贪生，从自然之道出发，提出"人生不免于死"，主张"以自然之道，养自然之生。"并且应"善养其生"，有不少合理因素。至于他的"命有长短，禀自于天，非人力之所能为"的思想，就是完全错误的了，这是他客观唯心论的世界观决定的一个必然结果。

19. 苏轼的保健功

苏轼（1037—1101），字子瞻，号东坡居士，四川眉山人。北宋时期文学家、书法家、画家。在中国文学史上，向来以"韩、柳、欧、苏"并称。这"苏"，就是指的苏轼。他是继欧阳修之后宋代古文运动的领袖，他在文学艺术方面的非凡成就，可谓北宋时期社会文化高度发展的一个标志。由于家庭的教育、前辈的熏陶，以及自己的刻苦学习，青年时期的苏轼就具有广博的历史文化知识和多方面的艺术才能。嘉祐二年（1057）中进士，开始步入仕途。他早年怀有远大的政治抱负，曾针对当时社会的弊病，提出过许多改良政治的主张，不但未被采纳，反而被贬官。元丰二年（1079），苏轼因作诗讽喻朝政，同情人民而遭到诬陷，被捕入狱。以后，他几度做官，几度被贬到地方任职。在历任地方官期间，苏轼比较关心人民的疾苦，在兴修水利、改进农业生产等方面做了不少有利于人民的事。在琼州三年，他还致力于培养当地后辈的学者、文人。为发展少数民族地区的文化做出了贡献。

1100 年，宋徽宗即位，苏轼因大赦而离开海南，迁往内地任职，第二年七月逝世于常州。著有《东坡全集》100 多卷，遗留下 2700 多首诗歌，300 多首词作和大量优秀的散文作品。苏轼在诗、词、文各方面的巨大成就，使他成为欧阳修以后北宋文坛的领袖人物。也是"唐宋八大家"之一。

苏轼一生著述甚丰，涉及面十分丰富。他对养生术也很有研究，写过《问养生》、《养生说》、《养生诀》等 20 多篇养生文章。清代王如锡从苏轼著作和信札中，开列出 1100 多条有关养生的内容，编纂为《东坡养生集》。

"善养身者使之能逸而能劳"，这是苏轼养生的主要论点。他认为，要使身体强健，最重要的是"习动"，步趋动作，使其"四体狃于寒暑之变，然后可以刚健强力，涉险而不伤"。苏轼喜欢打猎、射箭、野游等户外活动。祖国许多名山大川，都留下他游览的足迹。他说："俯仰山林之下，于以养生治性。"苏轼还自编一套保健功，

"原自养炼"。即天刚亮起床，盘足而坐，叩齿36下，呼吸吐纳，摩擦脚心、脐下、腰背间和眼耳颈等部位，直至发热为止。再接着捏鼻两侧50次，最后梳发百余次。他以他亲身的体验总结说："此法特奇妙，……其效初也不甚觉，但积累百余日，功用不可量，比之服药，其力百倍。"

苏轼的思想比较复杂。他奉儒但不十分迂执，信佛而并非执迷不悟，好道却没有厌弃人生。他经常从儒、道、佛各家学说中摄取所需而用来从政、养身，应付人世艰难。苏轼在政治上很不得志，所走过的道路坎坷不平。但苏轼由于他秉性刚强，直言敢谏，屡屡碰钉子，多次被贬谪他乡，他都能以乐观的精神对待，说明他是一个乐观豁达的人。面对困苦的生活，他"扪腹而笑"。他说："心平而气和，故虽老而体胖。"

苏轼不仅注重活动身体，在他的养生术中，还包括饮食方面的一些具体做法。苏轼不仅他个人很讲究饮食卫生，而且他对饮食也很有研究。他主张人应该多吃菜而少吃肉，"蔬食有过于八珍"，一可安分以养福，二可宽胃以养生，三可省费以养财。关于什么时候应该饮食，什么时候不该饮食，苏轼也作了很好的说明，他强调"已饥方食，未饱先止"。

20. 李清照的体育生活

李清照（1084—1151），号易安居士，济南（今属山东）人。其父李格非为当时著名学者，夫赵明诚为金石考据家。李清照早期生活富裕，与明诚共同致力于书画金石的搜集整理。金兵入据中原，流寓南方，明诚病死，境遇孤苦。所作词，前期多写其悠闲生活，后期多悲叹身世，情调感伤，有的也流露出对中原的怀念。形式上善用白描手法，自辟途径，语言清丽。论词强调协律，崇尚典雅、情致，提出词"别是一家"之说，反对以作诗文之法作词。并能诗，留存不多，部分篇章感时咏史，情辞慷慨，与其词风不同。著有《易安居士文集》、《易安辞》，已散佚。今人辑有《李清照集》。

提起李清照，人们一定会认为她是弱不禁风的女词人，其实这是一种误解。从她的许多作品中可以看出，她是一个非常爱好体育活动的人。

李清照的体育爱好很广泛。她爱玩秋千，更爱好划船。她经常划船，每次划船都划得非常痛快。新婚不久，丈夫远别，她靠着划船来排遣幽思。李清照划船这一爱好，一直保持到晚年，只不过面对残破的山河，丈夫的不幸去世，她才提不起兴致。

由于李清照长期坚持户外活动，使她接触了较广阔的空间，眼界广远，胸襟开阔，因而她的诗词在许多时候超越了闺中范围。

李清照还是一个棋艺专家，她"性喜博，凡所谓博者皆耽之，昼夜每忘寝食"。她在她所作的《打马图经自序》中一口气列举了"长行叶子"、"博塞弹棋"、"打褐"、"大小猪窝"、"族鬼"、"胡画"、"数仓"、"赌快"、"藏酒"、"樗蒲"、"大小象戏弈棋"等十几种游戏。

她创造性地改革了当时的打马游戏（棋艺的一种）。"使千万世后，知命辞打马始自易安居士也。"她创造的这种打马游戏，直到清初还在民间广泛流传。尤其可贵的是，她在打马游戏中还寄寓了奋发图强的爱国精神，寄托了她对抗敌救国形势的关注。因此，清人李汉章对她的打马游戏给予了高度评价。

就李清照对棋艺的精通来说，就她自觉地创造性地把爱国精神寓于棋艺活动来说，她已经不仅是一个体育爱好者，而且她可称中国古代的巾帼体育家了。

李清照丰富的体育生活和体育实践，对以后中国体育运动的发展，起到了积极的影响作用，特别是对女子体育运动的蓬勃发展，以及通过体育运动的开展，激发人们的爱国精神，都具有重要的启迪作用。

为了纪念这位杰出的女作家，1959 年在她的故乡济南的趵突泉公园，建立了"李清照纪念堂"。

郭沫若亲笔题诗：

> 一代词人有旧居，
>
> 半生漂泊憾何如。
>
> 冷清今日成轰烈，
>
> 传诵千秋是著书。

21. 辛弃疾背沙袋登山

辛弃疾是南宋时代文武兼备的民族英雄，杰出的诗人。

有一天老师问辛弃疾："辛生，你将来准备干什么呢？"

辛弃疾说："反正，我不想做官。"

"想做个诗人啰？"老师问。

辛弃疾回答："我既要习文填词，用厉词骂尽天下的贼；又要锻炼身体，演习武艺，用利剑杀尽天下的豺狼。"

老师大吃一惊，"啊！荒唐，你今天是怎么啦！"

"我心里这么想，嘴上这么说，这是我的志向。"

这种远大的志向，正是辛弃疾磨练硬功的原动力。他练功的方法，是背着沙袋登山。他牢记小时候爷爷给他讲的"飞毛腿"的故事："飞毛腿"为了锻炼腿力，在腿肚子上绑沙袋子，逐渐加重分量，经过一段时间的磨练之后，解下沙袋，便能疾走如飞。于是辛弃疾也效仿"飞毛腿"的办法，做了一个大沙袋，在袋子上面和侧面缝上有便于提拉和背负的布袋子，既能背负着它登山，又能提拉和举起，以锻炼臂力。有一次辛弃疾读完书，背着沙袋登山，回来时累得满头大汗。同学们见他汗流浃背，身上还背着个袋子，惊异地问："出了什么事？怎么这个模样？"一位同学好奇上前去提袋子，没有提动，使出全身的力气，才将袋子卸到地上。

"什么东西？这么沉！"那个同学不解地问。当他解开沙袋一看十分惊奇地说："你疯了！看你这个样子，哪像读书人，你怎么竟自找苦吃？"

辛弃疾忍不住大笑起来："你说得对，我就是要自找苦吃，不然手无缚鸡之力，将来怎么好报效祖国呢？"

辛弃疾就这样锻炼出强健的体魄。后来，他参加了反抗金兵入侵的战斗，成了文武双全的民族英雄。

22. 岳飞练武强兵

岳飞（*1103—1142*），字鹏举，相州汤阴（今属河南）人。南宋时期抗金名将，我国历史上著名的民族英雄。

岳家世代务农，岳飞出生那年，黄河决口，家乡闹了一场水灾，家里生活很困苦。岳飞从小刻苦读书，尤其爱读兵法，他酷爱习文练武。当时宋朝常遭到北方女真族的侵扰，岳飞便立志要练好身体，学好武艺，赶走金兵，平定天下。他力气大，十几岁的时候就能拉*300*斤的大弓。后来，他听说同乡老人周侗武艺高强，是当时著名的武术大师，岳飞就拜他为师，刻苦学艺。

　　岳飞在学艺期间，每天天不亮他就起床到树林中去练武。舞剑弄枪，举石锁（我国民间体育锻炼用的器械。用石料制成，锁形。重量大小不同。练习方法有抓举和摆举，还有用正掷、反掷、跨掷、背掷等掷法和手接、指接、肘接、肩接、头接等接法一起组成的花式练法。练习石锁能增强体力，训练动作的准确性和灵敏性。）练臂力，拉弓射箭。每次都要练得满身大汗方才罢休。无论严冬酷暑，还是刮风下雨，从不间断。由于岳飞勤学苦练，所以，他身强体健，武艺超群，并独创了后来名震天下的岳家枪法。他学得一手好箭法，射箭能左右开弓，百步穿杨，百发百中。周侗十分欣赏岳飞的才能，他把自己的武艺毫不保留地传授给岳飞。

　　后来，金兵大举入侵，岳飞投军参加抗金队伍，打仗十分英勇，多次立功，被升为八品秉义郎。他在宗泽帐下时，一直保持着"每出必捷"的记录，所以又被宗泽提升为统领。公元 1129 年，金兵渡江犯南，宋兵闻风而逃，只有岳飞率部英勇抗击。在公元 1130 年 4 月的一次大战中，岳飞率兵奋勇拼杀，结果杀得金兵大败，金兵被歼 3000 余人，横尸 15 里，一举收复了建康。由于他战功赫赫，又被提升为镇抚使。

　　公元 1134 年，岳飞率兵北伐。在他渡江时，发誓说："飞不擒贼帅，复旧境，不涉此江！"经过两个多月的战斗，歼敌数十万，取得了北伐的胜利，岳飞再立战功。到他 32 岁的时候，已经从一个普通将领提升到节度使的地位，跟当时的名将韩世忠、刘光世、张俊并驾齐驱了。

　　就在这个时期，他写了一首传诵千古的词《满江红》，抒发了他抗金的壮志豪情。词的上半阕是：

怒发冲冠，凭阑处，潇潇雨歇。

抬望眼，仰天长啸，壮怀激烈。

三十功名尘与土，八千里路云和月。

莫等闲，白了少年头，空悲切。

岳飞对自己要求十分严格。宋高宗曾经为他建一座住宅，岳飞推辞了，他说："敌人还没消灭，哪里顾得上家呢？"有人问他说天下什么时候能够太平，岳飞回答说："文官不贪财，武将不怕死，天下才有太平的希望。"

岳飞平时十分注意练兵。部队休整的时候，他也带将士穿着铁甲冲山坡，跳壕沟，要求像打仗时一样严格。有一次，他儿子岳云在骑马冲山坡的时候，因为战马失足，摔倒在地。岳飞知道了，狠狠责打了岳云。别的士兵看到主将对自己的儿子也这样严格，就格外认真操练了。

岳飞带兵纪律特别严明。一次，有个兵士擅自用百姓一束麻来缚柴草，被岳飞发现，立刻按军法严办。岳家军行军经过村子，夜里都露宿在路旁。老百姓请他们进屋，没有人肯进去。岳家军中有一个口号，叫做："冻死不拆屋，饿死不掳掠。"

经过这样的严格训练，岳家军将士士气旺盛，作战勇猛。岳飞在作战之前，总是先召集将领，共同商量作战方案，然后才出战。所以打起仗来，每战必胜，从没有打过败仗。

南宋有岳飞、韩世忠等一批名将，再加上各地百姓组织的义军的配合，要打退金兵本来是有条件的。但是宋高宗不顾岳飞等人反对，一直向金朝屈辱求和，公元 1139 年，竟向金朝称臣，每年进贡银 25 万两，绢 25 万匹，这样金朝算是把陕西、河南一带土地"赏还"南宋。

公元 1140 年 10 月，金朝又撕毁合约，发动全国精锐部队，以兀术为统帅，分四路大举进攻。不到一个月，根据和议还给南宋的土地，全被金军夺去。宋王朝面临覆灭的危险，宋高宗这才不得不下诏书，要各路宋军抵抗。岳飞得到这个命令，立刻一面派部将王贵、牛皋、杨再兴等分路出兵，一面派人到河北跟义军首领梁兴联络，要他率领义军在河南、河北包抄敌人后方，岳飞坐镇在郾城指挥。金军统帅兀术得知岳飞进兵，大为恐慌，连忙召集部下将领一起商量对策，接着兀术就和龙虎大王、盖天大王带大军进攻郾城。

岳飞先派他儿子岳云领着一支精锐骑兵打先锋，并对岳云说："这次出战，只能打胜仗，如果不能打胜，回来就先砍你的头！"岳云答应了一声，就带头冲上阵去，奋勇拼杀。宋军跟着岳云，杀得金兵尸体遍地。

兀术败下阵来，就调动他的"铁浮图"进攻。"铁浮图"是经过兀术专门训练的一支骑兵，这支人马都披上厚厚的铁甲，以三个骑兵编成一队，居中冲锋，又用两支骑兵从左右两翼包抄，叫做"拐子马"。

岳飞看准了拐子马的弱点，命令将士上阵时都要带着刀斧，等敌人冲来，专砍马腿。马砍倒了，金兵跌下马来，岳飞就命令士兵出击，杀得金军人仰马翻。岳飞挥舞长枪，数十次冲入敌阵。在这次战斗中，共歼灭金兵5000余人，使兀术丧失了全部精锐。兀术听到这个消息，哭得挺伤心，说："自从起兵以来，全靠拐子马打胜仗，现在全完了！撼山易，撼岳家军难呀！"

岳飞每战必胜，靠的是什么？除了他带兵有方、作战勇猛之外，他平时注意锻炼身体和苦练武艺，也是一个极为重要的因素。如果岳飞没有强健的体魄和超群的武艺，让他身先士卒，率众冲杀是不可能的。

23. 陆游健身八法

陆游（1125—1210），字务观，号放翁，山阴（今浙江绍兴）

人。南宋大诗人。

陆游一生创作诗歌很多，流存9000多首，内容极为丰富。抒发政治抱负，反映人民疾苦，批判当时统治集团的屈辱求和，风格浑雄豪放，表现出渴望恢复国家统一的强烈感情，但有些诗词也流露出消极情绪。他初婚唐氏，在母亲压迫下离异，其痛苦之情倾吐在部分诗词中，如《沈园》、《钗头凤》等，都真挚动人。

陆游一生精力充沛、体力很强，且寿命很长。究其原因，他有八条健身方法。

一、扫地。陆游身边经常放着一把笤帚。当他读书、作诗累了的时候就洒水扫地、扫完屋里扫屋外。他认为，这样不但周身得到充分活动，同时又净化了环境。用他自己的话说是：舒筋骨，平气血，省按摩。他曾写诗赞这种锻炼方法：

一帚常在旁，有暇即扫地。

既省课童奴，亦以平血气。

按摩与导引，虽善亦多事。

不如扫地洁，延年直差易。

二、骑竹马。当他扫过几次地，地也很干净了的时候，已经没有必要反复扫地了，可身体又不感到疲倦，到了该运动的时候了。在这种情况下，他就整理一下书籍，擦一擦桌案、茶几等。把这些活儿也看作是一项运动，从不叫别人做。同时他也常和孙辈一起操起竹竿，夹在胯下当马骑。他也和孙辈一样，一手扶着竹竿，一手举得高高地不住摇晃着，就像手拿着马鞭，嘴里不住吆喝，不停地喊着、跳着，直到浑身出热汗为止，才休息片刻，又坐下来读书、写字。

有人笑话他，说他这是闹着玩。他却说："我是根据吴普的一句名言而做：'户枢不蠹，流水不腐'嘛！人要常活动才能永葆健康。"

他曾为骑竹马写了一首诗：

整书拂几当嬉戏，

时取曾孙竹马骑。

故故小劳君会否，

户枢流水即吾师。

三、散步练剑。陆游有一个饭后必散步的习惯。尤其是晚饭后，他还要到较远的地方去散步。在散步时，他总是带着医书，腰上佩着剑。偶尔遇到病人就给他们免费治病，看到草药就随时采集。

散步不仅锻炼了他的身体，而且也为他的诗作增添了新的内容。陆游写了许多关于散步的诗作。如《步至西村》、《雨后散步泠园》、《登太平山》、《游春》等。

关于练剑，陆游也有诗记载，"少年学剑白猿公，曾破浮生十岁功。"正因为他少年时有十年练剑的功底，所以他不但练就了娴熟的剑术，更练就了他英勇无畏的精神。

有一次，他游览南部大山时，遇到了一只猛虎，陆游临危不惧，英勇搏斗，竟杀死了这只虎。

四、登山。登山是锻炼全身心的活动，陆游就很爱登山。他游览了不少名山，直到 60 岁登山游览时，都不要人扶。他的《看钟》诗就描写了这一情景："乘除尚喜身强健，六十登山不用扶。"说明陆游登山的工夫已经不是一日之工了，没有长期锻炼，不可能有"六十登山不用扶"的强健身体。

五、按摩。陆游喜欢按摩健身，他的不少诗谈及按摩，如《自叹》诗中有"饭罢宽腰习按摩"之句。《自解》诗道："先生要是常谈尔，吐纳余闲即按摩。"《病减》诗云："病减停汤煲，身衰赖按摩。"在《幽居》诗中亦有"朝晡两摩腹，未可笑幽居"之句。

六、爱劳动。在陆游的许多诗中，几乎俯拾可见。他的《小园》诗这样自述劳动："小园烟草接邻家，桑柘阴阳一径科。卧读陶诗未终卷，又乘微雨去锄瓜。"《遣怀》诗道："不动成黑卧，微劳学鸟

112

伸。"《秋日遣怀》亦云："晨几手作墨，午窗身碾茶。岂为要小劳，亦以御百邪。"从这些诗可见，陆游很注意以劳动锻炼身体，消除疾病。

七、多吃粥。陆游爱吃粥，特别老来几乎每餐不离粥。他的《食粥诗》云："世人个个学长年，不悟长年在眼前。我得宛丘平易法，只将食粥致神仙。"粥易消化，老年人脾胃虚弱，消化功能减退，故常吃粥可以减轻胃肠负担，也是健身良法之一。

八、爱书法。"九月十九柿叶红，闭门学书人笑翁。"爱好书法也是陆游延年益寿的重要方法之一。他在《草书歌》中道："此时驱尽心中愁，捶床大叫狂堕帻。吴笺蜀素不快人，付与高堂三丈壁。"书法可陶冶性灵，所以书法家多长寿，而书法中的草书，则更能倾泻感情，调节情绪。

陆游一生多坎坷，若不是他有这么多的爱好情趣，又怎能达到"已迫九龄"的高寿呢？

在许多人看来，扫地、擦桌子、整理书籍、骑竹马、吃粥、书法等，这些身边日常生活中的琐事并不能锻炼身体，特别是"扫地"、"擦桌子"之类的事情，很少有人重视，可这些在陆游那里却变成了锻炼身体的项目，而且作为一种养生之道长期坚持，并收到了相当好的效果。这说明，体育锻炼并非一定要有专门的设施和场地。其实，体育锻炼就在每个人的身边，养生之道就在生活之中。只要善于发现、善于利用，并且有一种健身养生的思想意识，很多活动都可以达到健身的目的。

24. 忽必烈以整洁取人

衣着往往体现一个人的风度气质和自我修养，展示着一个人的精神风貌。在社交场合这样做，既表示了你尊重对方，同时也维护了你的自尊。

在中国这个古老文明的国度里，历来注重在社交中如何待人、以什么形象与人交往的问题。在衣着方面，很早就形成了一种共识：与人交往，衣着要整齐、干净、美观、合宜。衣冠不整是一种既不礼貌又失自尊的行为，被认为是人际交往中的大忌。衣着看似生活中的细小之事，但它与人的社会形象、思想形象、文化等方面密切相关，不可小视。我们虽然不能完全以衣冠取人，但有时人的衣冠，的确能在一定程度上反映出一个人的思想、文化修养。仅从这一点来讲，以衣冠取人又有其合理的一面，中国古时候忽必烈就曾以衣冠不整辞掉了应聘者。

忽必烈（1215—1294），元代皇帝。关于他的历史功过，我们在这里且不去评说，但有一件事一直被后人传为佳话。据说忽必烈在位期间，有一次元代胡石塘应聘入京，在元世祖忽必烈召见时，胡石塘没有发现自己所戴的帽子歪斜着，显然是一幅衣冠不整的形象，开始忽必烈并没有直言这件事，而是先问他都学过什么，胡石塘答道："治国平天下之学。"忽必烈笑着说："你连自己的一顶帽子都戴不端正，还能平天下吗？"于是便没有录用胡石塘。

胡石塘因为一顶帽子戴歪了，便丢了官，听起来似乎是一则历史笑话。后人不少都责怪忽必烈在着装方面的要求太严厉，不应以衣帽取人。这话也不无道理。但从另一个角度看，一个人的衣着打扮，确实可以看出他的个性、修养，以及由此推测他的工作作风、生活态度，这不是没有道理的。服饰往往能给人起到看外表知内相的作用。

自从我们的祖先告别了野蛮蒙昧时代，踏进人类文明社会的门槛之后，衣着服饰也随之进入了文明时代。衣着从满足蔽体御寒的需要逐步进展到审美的需要，并开始为人类交往服务。不同时代、不同地区、不同民族，形成了丰富多彩、风格多样的服饰文化。就衣着展示文化身份来说，我国古代文人墨客的一方角巾和一把折扇、20 世纪 30 年代青年的一件长袍和一条围巾、50 年代的一件中山装和一支钢笔，都显示出知识分子的高雅。

中国历朝历代都重视衣着服饰的社会作用，对不同社会身份的人，衣着穿戴有着严格的规定。一部二十四史，朝朝代代离不开《车服志》、《舆服志》、《章服品等》等。从中国古代衣着服饰的变化发展中，我们可以看出，随着社会活动的日益发展与复杂，衣着服饰的穿戴也根据场合的不同而有了差异。用衣着服饰的不同来展示社会地位和等级差别，这固然是封建糟粕，但人们应根据交往场合的不同穿着相应的服饰。这已成为我们这个古老民族待人接物中的一种良好礼仪，世代延续下来并构成我们民族以礼待人的一部分，应当发扬光大。

衣着打扮的整洁、美观、大方、得体，是中华民族长期以来形成的审美情趣、生活态度和价值取向的综合体。它是"礼仪之邦"的具体体现形式，代表着中华民族在待人接物方面的良好仪态。因此，我们应注意衣着仪表，学会怎样来穿戴打扮自己，以此来丰富、美化我们的生活，充分展示时代风貌。

25. 俞大猷练武讲求实用

俞大猷（1504—1580），字志辅，号虚江。福建晋江人。明代著名抗倭将领，也是一位用武术训练军旅的武术家。

俞大猷出身贫寒，少有大志。他自幼喜欢读书、习武，知兵法。嘉靖年间中武举，历任参将、总兵等职。

俞大猷年轻时，曾从江南名师李良钦习荆楚长剑，他习武刻苦，不仅剑法高超，钩、刀、枪、钯等器械也样样精通，而且擅长于棍法。明代名将戚继光的棍法，就受到俞大猷的指点和传授。李良钦见俞大猷练武刻苦，并且非常得法，长进非常快，所练剑法很有特点，李良钦称许他日后必天下无敌。

嘉靖二十一年（1543），俺答犯山西，诏选天下有将帅才者，俞大猷自荐求用，然而不为兵部尚书毛伯温所赏识，所以辞归了他，只任他为福建汀漳守备，从此他开始参加御倭战争。他转战于江浙闽粤，屡立奇功，与戚继光齐名。嘉靖三十四年的浙江王江泾之战、嘉靖四十二年（1563）的福建兴化之战、嘉靖四十三年的广东海丰之战，都是他指挥并参与的著名战役。他用兵先计而后战，常常用风驰电掣之师，击敌于不意之中，所以他用兵数十年，未曾有过败衄。

俞大猷对古代军旅武艺和民间武艺均有深入的研究，并有独到的见解和贡献。他把从李良钦那里学到的荆楚长剑术，结合临战实用的需要，著成《射法》一书。还研究过棍、钯、镗、钗等兵器的实用之法，再结合荆楚长剑之法，著成《剑经》一书。这两部书都被年辈略晚于俞大猷的戚继光收入其兵学名著《纪效新书》，也被明清许多军事著作家和武艺家奉为重要典籍。在《剑经》中，俞大猷综合李良钦、刘邦协、林琰、童炎甫等多家教师的心得，提出了"顺人之势，借人之力"、"旧力略过、新力未生"等技击法则，提出了"刚在他力前，柔在他力后；彼忙我静待，知拍任君斗"。等具有普遍意义的战术诀要。这些都显示了俞大猷高深的武艺修养，是古代有关武艺理论体系中的精华。

俞大猷练武很讲究方法，注意实用，所以他的武艺很有特点，他所擅长的棍法，时称"俞家棍"，说明他的武艺自成一体。明代的何良臣在《阵纪》中说："棍法之妙，亦尽于大猷剑经，在学者悉心研究，酌其短长，去其花套，取其精微，久则自可称无敌也。"俞大猷练武注重临战实用，不求花套。平时练习主张对练，力避单练。他的这些思想，对少林寺棍术的发展起过十分重要的扶持作用。嘉靖四十年（1561）他自山西奉命南征，特意取道河南，亲自到久享武名的少林寺观察练武，他发现少林僧人所习棍法"传久而讹，真诀皆失矣"。遂带僧徒工人随军南下，用三年时间，俞大猷把真正有实战克敌之效的棍法传授给他们。这两位僧人将俞大猷所传授的棍法带回少林寺，广为传授，愈传愈多，久之，造诣高深者近百人。自此少林棍既避花套，又趋实用。由此可见，明末清初又由少林僧人传播到寺外的少林棍法，实际上应溯源于俞大猷。他对中国武术的发展，无论在理论上或实践上，都有较大的贡献，后人也给予了很高的评价。

俞大猷的为人和他练武一样讲究实际。他为人耿直刚正，不屈服于权贵，因此不为当权者所赏识，他虽然才德超群，战功卓著，但终究未被重用。隆庆初年，因蓟镇防线屡遭鞑靼侵扰，他曾上书自荐，要求出击鞑靼，但朝廷当政者以其年老为由而不用，使一代名将负憾而终。

26. 戚继光强调体质全面训练

戚继光（1528—1587），字元敬，号南塘，晚号孟诸。山东蓬莱人。明代抗倭名将、军事家、武术家。

戚继光出身将门，曾祖父谏，膂力过人，曾和猛虎斗；父景通，曾任都指挥使，武艺精熟。戚继光武举出身，17岁以世荫袭职登州卫指挥佥事，从此开始了戎马生涯。嘉靖三十四年（1555）调浙江，

117

任参将，抵御倭寇。此时，他见旧军素质不强，至义乌招募农民矿工，编练了一支"戚家军"作为抗倭主力，他练兵有方，士兵身体素质好，武艺高，先后在浙江、福建、广东等地连战告捷，屡破倭寇，从而解除了东南倭患。隆庆元年（1567）被调至北方，镇守北方要塞蓟州，在镇16年，他严格训练士卒，并制定了一套守边方略，并修筑和改建了部分长城。张居正死后，他被调离蓟州，至广州任总兵，不久即遭排挤而解甲归乡。59岁死于故乡蓬莱。戚继光平生著述甚丰富，除了诗文集《止止堂集》之外，其他多数为兵书，其中以《纪效新书》、《练兵实纪》影响最大，一直被兵家奉为必读之书。他对练兵、治械、阵图等都有创见。

　　戚继光治军30多年，重视军事体育，善以武艺强兵，并总结了一套武艺训练的经验。他的军事体育理论和实践，对后世军事训练和武术运动有重要影响。他在武术训练方面的思想与明代名将俞大猷有共同之处，主张武艺训练重实战，讲实效，反对"花法"、"虚套"，提倡"对打"、"对练"，反对脱离攻防的"单练"，尤其强调体质全面训练，主张"练心之力"，"练手力"，"练足力"，"练身力"。在此基础上提出"因材授器"等原则。这种既强调体质"全面训练"，又主张"因材授器，因人而宜"，把古代武艺训练理论大大推进了一步，这是他对中国武术理论发展的重要贡献。

　　戚继光所说的"因材授器"，就是因其材力授习武艺。他说："藤牌宜于少年便捷，狼筅、长牌宜于健大雄伟，长枪、短兵宜于精敏有杀气之人，皆因其材力而授习不同。苟一概给之，则年迈四旬筋力已成，岂能以圆径二尺之牌，而跪伏委屈，蛇行龟息，以避堂堂七尺之躯，伸缩进退、神出鬼没，以纵横于锋镝耶？即若狼筅、长牌授之以少年健儿，筋力未成，岂能负大执重、老老成成，立于前行，以为三军之领袖翼蔽也哉！"基于上述道理，戚继光主张择年老力大一人付以长牌，年少便捷一人为藤牌，将年力健大老成二人为狼筅，将有杀气、有精神30岁上下的身强力壮好汉为长枪手，又长枪之次者二人为短兵，将老实有力者一人为火兵。这样用长牌一面、藤牌一面、狼筅两把、长枪四支、短兵两件、火兵一名为一队，结成一个作战小组。这样就形成一个组织严密，长短兵器选用，刺卫结合的战斗小组。经过严格训练，战士各有专长，又能紧密配合，就是一个坚强的战斗集体了。

当每个人的训练项目确定之后，戚继光又对训练提出"从严从难，赏罚分明"的要求。他说："凡人之血气，用则坚，怠惰则脆。劳其筋骨，饿其体肤，君相亦然，况于兵乎。但不宜过于太苦，是谓练兵之力。凡兵平时所用器械，轻重分两，当重于交锋所用之器。重者既熟，则临阵用轻者，自然手捷，不为器械所欺矣！是谓练手之力凡平兵时各兵须学趋跑，一气跑得一里不气喘才好。如古人足囊以砂，渐渐加之，临阵去砂，自然轻便，是谓练足之力。凡平时习战，人必重甲，何以重物，勉强加之。庶临战身轻，进退自速，是谓练身之力。"这些只是一般的身体训练。此外还对各种军事武术训练提出了严格的要求，并在一定时间内进行比较检试。初试定为上、中、下三等，每等又分上、中、下三则。再试时如原等者不赏，进一则者赏银一分，进二则者赏银二分，趋进一等赏银五分。一次原等免责，二次原等打五棍，三次原等打十棍，五次以上原等不进者，打四十棍革退。这样严格要求，又配以赏罚，其战士军事武艺日新月异。

戚继光不仅在武艺训练实践中积极探索大胆改进，为中国古代培养了一批武术人才，而且在武术研究上也卓有创见。他在《纪效新书》的"长兵短用篇""比较武艺赏罚篇"和"拳经捷要篇"中，对中国武术提出了许多精辟论述，详细记述和分析了当时的武术状况，提出了枪、棍、拳、刀的各种诀要，对总结和发展古代武术做出了贡献。

"拳经捷要篇"记载有宋太祖 32 势长拳、6 步拳、猴拳、囮拳、温家 72 行拳等。他提出练拳要"身法活便，手法便利，脚法轻固，进退得宜，腿可飞腾"的技术要则。同时，他根据当时流传的拳种，博采 16 家之长，编制了"势势相承，遇敌制胜，变化无穷"的 32 势。他认为"大抵拳、棍、刀、枪、叉、钯、剑、戟、弓、矢、钩、镰、挨牌之类，莫不先有拳法活动身手。"他提出了"其拳也，为武艺之源"的论断，并大力提倡各种拳法"兼而习之"，以达到"上下周全""首尾相应"的全面技能。戚继光所有这些武术思想，对中国武术和军事体育的发展，起过积极的作用。

27. 顾炎武文武双全

顾炎武是明末清初的爱国主义思想家和学识渊博的历史学家、地理学家。

顾炎武的祖父是一个非常关心政治的人。他看到明朝末年朝政腐败，生灵涂炭，便把希望寄托在年幼的孙子身上，教育顾炎武多研究天文、地理、水土和兵书等。顾炎武的母亲知书达礼，她经常给儿子讲文天祥、于谦等民族英雄的故事，勉励他以此为楷模，发愤图强，精忠报国。祖父和母亲的教诲，深刻地影响了顾炎武，使他从小就喜读书，好锻炼。

顾炎武 10 多岁时，参加了一个叫做"复社"的文人组织，并结识了同乡人归庄。归庄对兵法很有研究，并练得一身好武艺。顾炎武和他朝夕相处，形影不离，经常在一起演练枪棒，切磋武艺。当时，一般读书人都重文轻武，他们两人则在这种陈腐的风气面前力排众议，积极宣传读书人要文武双全，而且身体力行，苦练不辍。

在顾炎武 32 岁那年，满洲贵族攻陷北京，建立了清朝。顾炎武获知亡国消息后，极为悲愤，他下定决心要学习宋朝的文天祥，为光复故国山河而战。第二年，当清兵南下占领了南京、苏州和他的故乡昆山等地时，他和归庄等人积极参加了苏州的抗清斗争。失败后，又在昆山发动了抗清起义，并攻占县城达 21 天之久。后来由于清兵大举反扑，才被迫撤退。虽然连遭失败，但顾炎武爱国的雄心却丝毫没有减弱。他离开故乡，到处闯荡，一方面增长阅历，著书立说；另一方面广泛结交侠义之士，勘察地形，策划起义。

顾炎武以衔石填海的精卫为榜样，发誓艰苦锻炼。他曾写下这样一首诗："我愿平东海，身沉心不改，大海无平期，我心无绝时。"他十分佩服历史上的高渐离、班超、诸葛亮、祖逖等人。在实际行动中，他学习祖逖闻鸡起舞的刻苦锻炼精神，每天练习剑术和骑射，在沙地上学习行军布阵方法。他一天不练剑，心里就感到有一件事情还没有做完，觉也睡不安稳，即使到了深更半夜，也要起来补练一番。他学习骑马的过程，更充分地显示了他的顽强意志和刻苦精神。顾炎武原是南方人，本来就不习惯骑马，但他决心掌握骑马本领，于是特意挑选了一匹不易驯服的骜（ào）马来骑。尽管一次又一次地从马背上摔下来，但他从不灰心气馁，而是继续苦练，终于驯服了烈性的骜马，掌握了高超的骑术。

顾炎武为了勘察地形，策划起义，游历了长江下游、东南沿海以及华北、东北、西北地区的很多地方。在长期旅行勘察地形的过程中，生活过得十分艰苦，而且要攀高山，越峻岭，穿密林，涉急流，但他从没有后退过一步。艰苦的生活和环境磨练了他的意志，也锻炼了他的身体。

正是由于胸怀浩然正气，一生苦练不辍，顾炎武到了 70 岁高龄，身体还十分健壮，经常骑着马四处奔走察看地形。不幸在一次旅行中因山路险恶，翻身落马，受伤不治而死。

顾炎武博览群书，对经济、史学、天文、地理、音韵、金石、兵书等，都很有研究，著有《日知录》、《天下郡国利病书》等。

28. 颜元主张"动以养生"

颜元（1635—1704），字易直，又字浑然，号习斋。河北省博野人。中国清初思想家、教育家。

颜元从小生活困难，边劳动，边学习。19岁时考中秀才，24岁起，开设家塾，教授生徒，一心致力于教育事业，是一位终生未仕的教育家。在数十年的教育生涯中，颜元继承西周的"文武合一"教育传统，他曾学兵法骑射和技击，十分重视对学生进行锻炼身体方面的教育，他自身也喜欢很多体育活动，并发表了一系列直到今天仍然具有重要价值的见解，他是我国古代教育家当中比较重视养生的一位教育家。

"习行""习动"，这是颜元教育思想中的一大特色。在他的许多著作中都表达了他积极提倡"动以养生"的思想主张。例如：

"养生莫善于习动"（《言行录·学人篇》）；

"常动则筋骨疏，气脉舒"（《言行录·世情篇》）；

"一身动则一身强，一家动则一家强，一国动则一国强，天下动则天下强"（《言行录·学须十三》）。

颜元"动以养生"思想主要是在实践中产生的，或者说与他的经历有关系。颜元生于穷乡僻壤，他"四岁失父，十一岁离母"，童年生活，十分孤独艰苦。8岁时就学于吴洞云，并学一些骑射、剑戟本领。20岁时，因养祖父家庭破落，由城里迁往乡下。在乡下，颜元亲自参加田间劳动，耕田种菜，负担全家生活。劳动余暇，颜元还钻研兵书，学习技击。这为颜元"动以养生"思想的形成，奠定了基础。

颜元生活的年代，正是程朱理学猖獗一时的时候。在理学的毒害下，不少人"终日兀坐书房中，萎惰人精神，使筋骨皆疲软"，成了"白面书生"，"柔脆为妇人女子"。青年颜元也深受其害。他先后读过《陆王语要》和《性理大全》等理学著作，对他们的理学要旨笃信不疑，也经常在家闭门静坐，穷理居敬，倍尝静坐顿悟之苦。时间一长，颜元发现，这种静坐冥想的求知方法，与他"生存一日，当为生民办事一日"的经世致用的主张南辕北辙，于是他开始对程朱理学发生怀疑。他 34 岁那年，养祖母去世。颜元在家居丧期间，因恪守朱子家礼，连病带饿，差点儿断送性命。从此，颜元对理学的态度，由怀疑走上了反对的道路。后来，他 53 岁南游中州（今河南），更认识到理学给社会造成的危害。于是，颜元反对理学的态度，愈益坚决，成了当时一个最为勇猛，最为彻底的反理学的斗士。颜元的"动以养生"思想，就是在反理学斗争中通过教育实践逐步形成的。

颜元反对朱子重文轻武的做法，主张文武合一，兵农合一，痛斥那些"衣冠之士，羞与武夫齿；秀才挟弓矢出，众人皆惊；甚至子弟骑射武装，父兄便以不才目之"的社会现象。他宣称："习乐则文舞、武舞，习御则挽疆把辔，活血脉，壮筋骨"。"孔门习行礼乐射御之学，健人筋骨，和人血气，调人性情，长人仁义。一时学行，受一时之福；一日习行，受一日之福；一人体之，赐福一人；一家体之，赐福一家；一国体之，天下皆然。"

颜元"动以养生"的思想，特别是他反对脱离实际、空谈玄妙的教人方法，主张"习动"、"习行"，重视体育的思想，并能将此与强国强民联系起来，是很值得我们借鉴的。

29. 乾隆皇帝长生有术

在中国封建社会的历史长河中，从秦始皇到清末光绪帝，前后两千多年的时间，历代帝王年过半百的不多，年逾花甲的更少，达古稀之年的更是寥若晨星。

可清朝的乾隆皇帝竟达 89 岁高龄，可称耄耋乃去的老寿星了。他在位 60 年，又当了 3 年太上皇，是中国封建社会掌权最久、寿命最长的一位君王。

据有关史料记载，乾隆皇帝 80 多岁的时候，身体仍然很健康，精力充沛。《清帝外记》一书中这样描写过乾隆皇帝，"其年龄虽已 83 岁，但其外表观之如 60 许人，精神矍铄，可以凌驾少年，饮食之季，秩序规则极其严肃，殊堪惊异"。

乾隆之所以能如此长寿，与他一生注重养生是分不开的。据清代御医的后代所讲，乾隆皇帝在长期的养生健身实践中，总结了 16 字长寿秘诀："吐纳肺腑，活动筋骨，十常四勿，适时进补。"

吐纳肺腑。就是每天黎明即起，在室外运用柔和匀长的口呼鼻吸，从而达到"正气内存，邪不能干"。

活动筋骨。乾隆经常打太极拳、散步、爬山、旅行、狩猎。他虽贵为一国之君，事务繁多，却还是经常弯弓骑射，沐浴汤泉，游山觅川。他六下江南，简装徒步、私访民情，并把这些都看成是活动筋骨的好办法。

十常四勿。十常即：齿常叩、津常咽、耳常弹、鼻常揉、睛常运、面常搓、足常摩、腹常旅、肢常伸、肛常提。四勿即：食勿言，寝勿语，饮勿醉，色勿迷。十常有助于运气行血，抗御外邪；四勿更有助于炼精养气，起居规律的培养，更使乾隆皇帝精力充沛，神采焕发，身登高寿而体不衰。

适时进补。就是根据不同的季节经常调剂食品组成，常吃一些瓜果蔬菜及豆制品，不偏食，不贪食。不滥吃补品、补药。

乾隆皇帝的16字长寿秘诀，使他获得了历代帝王长寿之冠。真是"盈缩之期，不但在天，养怡之福，可得永年"。乾隆的养生术是很值得效仿的。

乾隆贵己重生，同时，还很讲究生态道德，他曾在著名的《哨鹿赋》这样写道："我曾研究哨鹿之理，觉得可以总结出'五德'来：哨鹿每年只一次，不再来二次，这是仁；对跑来的鹿射毙它，对逃窜的鹿任它逃窜，这是义；把鹿肉做成美味，放在祭器里，祭神祭祖，这是礼；引鹿而能来，想抓获它就成功，这是智；吹哨而进，诚敬地遵从孔子不射夜间熟睡的动物的教导，这是信。这样做，可以说是符合圣人的大道，难道还算潘兵、司马相如所告诫和讽刺的那样吗！"

《哨鹿赋》全文被镌刻在石碑上，现存于承德"避暑山庄"。

30. 霍元甲习武健身

霍元甲（1857—1910），字俊卿，河北静海县人。清末武术家。霍元甲出身武术世家，祖传的武艺叫做"迷踪艺"，也叫"秘踪拳"，在北方享有盛名。霍元甲除精于家传的迷踪艺外，并益以内功，旁参各派，得技艺之精髓。传说他"体软如绵，骨坚似铁"。可是，霍元甲在小时候身体却极其瘦弱，常受年纪比他小的孩子欺负，他父亲霍恩第担心霍元甲日后武事不济，认为他不是一个可造之材，干脆不让他学武，免得日后霍家迷踪艺的名声被他败坏了。谁知霍元甲却是个有志的孩子，每当他父亲教他的几个兄长习武艺的时候，他就在一旁认真观摩，潜心揣度，细心领会，然后再独自躲在家中的枣园里发奋苦练。他从 12 岁到 24 岁，整整 12 年，终于练出了一身高超的武技，武艺超出了兄长。起先他还不很出名，直到有一次他一举击败几名气势凌人、上门比武的好手，这才崭露头角。他父亲见儿子武艺长进很快，内心非常高兴，从此更加悉心传授，遂得家传七代绝技"迷踪艺"。霍元甲得到父亲的系统指导，再加上他自己的刻苦习练武功，他的武技发展更快了。

　　一天，霍元甲在天津曲店街经营怀庆药栈，当地人为了试他的力气，有一次半夜里，花了很大的力气把两个数百斤重的压路石滚堵在药栈门口，看霍元甲怎么办。第二天清晨，霍元甲看到后，伸出腿来一腿一个，毫不费劲地把两个石滚踢到老远。霍的勇力从此出了名。

　　霍元甲生活的时代，正是我国经历了鸦片战争、甲午战争、英法联军、八国联军侵华，国家与人民倍受列强凌辱的时代，霍元甲身怀绝技，待人非常谦恭，但是对于外国人藐视我国民众的言行却丝毫不能容忍。当时有个俄国力士去天津卖艺，能够力单千钧，扭断铁链，在广告中自称为"世界第一大力士"，并讥讽我国为"东亚病夫"，其气焰十分嚣张。霍元甲得知后怒不可遏，奋臂而起，前往演技场，愿以"东亚病夫"的身份与这个"世界大力士"一决高低。色厉内荏的俄国力士终因慑于霍的威名，不敢与霍较量，第二天就收起"天下第一"的招牌，灰溜溜地离开了中国。这件事轰动了天津城，当时各报均有记载，国人得知后无不感到振奋。

　　1909 年，霍元甲应友人之召，前往上海，去会另一西方大力士奥比音。那时候，上海正是"冒险家的乐园"，帝国主义分子在这块土地上作威作福，根本不把中国人放在眼里。奥比音在南京路张氏味莼园献技，吹的牛比俄国力士还要大。可是，当奥比音与霍元甲会面时，却一下子被霍的威武气概慑服了，在订立比赛规则时竟提出不准用拳击，不准用指戳，不准用足勾等荒谬条件，使人一眼就看出"大力士"已经气馁。果然，条件刚订好，没有等到正式比赛，不可一世的奥比音竟悄悄地卷起铺盖前往南洋献丑去了。

霍元甲有了这一番经历，目睹中国人倍受外国人轻视的情景，痛切地感到，要改变这种状况，仅有他一个人强没有用，要人人都健壮才行，于是慨然有提倡体育之志。他还志愿要打破武术界守秘的陋习，把世代家传的迷踪艺公之于世。就在这一年的夏季，霍元甲在社会各界人士的赞助下，在上海闸北王家宅创立了"精武体操学校"，以教学武术为主要活动。在此基础上，1910 年发展为"精武体育会"，简称"精武会"，霍元甲任技术主任。

可恨的是，精武会创立伊始，霍元甲就遭到了外人的暗算。当时日本有个著名的摔跤队，风闻霍元甲的名声，特地推选出十几名好手，专程来上海找霍元甲比武。双方找好公证人后，比赛正式开始。日本驻沪领事也到场。好几名队员都败在霍元甲的门人刘振声的手下。他们恼羞成怒，竟一拥而上围攻霍元甲。可是，哪里是霍元甲的对手呢！只几个回合，对方纷纷倒地，多有肤裂骨折者。由于赛前订好条约，公证人持之以理，对方才没有话说。霍元甲当时正患咳症，在宴会间，日本浪人介绍了一个名叫秋野的医生为他治病。霍元甲生平以正直待人，对此毫不置疑。谁知霍元甲服药后病情突然恶化，四肢抽搐，强舌亡阳，再也无法挽救。后经化验证实，霍元甲所服的是一种剧毒烂肺药，那几个日本浪人也立即销声匿迹地躲藏起来了。一代英杰霍元甲，就这样离开了人间。但是霍元甲习武健身强国的精神，是值得后人传扬的。

31. 严修——中国第一位提倡戒纸烟的人

严修（1860—1929 年），字范孙，天津人，中国近代教育家。天津南开大学主要创办人。

严修在光绪八年（1882）中举人。先后授庶吉士、编修、国史馆协修、贵州省学政、学部侍郎。一生大力兴办教育，是中国近代资本主义教育的开拓者之一。曾发布《劝学示谕》，主张敦品励学，讲求实用。并上奏"请开经济特科"，希望冲破科举取士之限，选拔一批有维新思想、有科学知识和技能的人才。1898 年至 1910 年多次到日本、欧美等国考察教育，先后兴办了严氏女塾（后改为女学）、民立第一小学、第二小学、工艺学堂、敬业中学（南开中学前身）、师范学校等。卸职回津后，多次出国考察教育，筹款兴学。从自强出发办学，注意西方先进经验同本民族传统教育的结合。著有《严先生遗著》、《严范孙先生文存》、《宣统二年奏折》、《严氏教女法》等文章。

严修教学要求严格，言传身教。他是我国第一位提倡戒纸烟的人。到现在，一些老的知识分子在谈到戒烟时，总还提到他的故事呢！

1894 年他主管贵州省学政时，就在《劝学示谕》中，向考生提出："戒食洋烟"（即鸦片烟），并宣布"试士将以此弃取"。他本人原来也是吸烟的，但在义和团运动前一年，刚满 40 岁时，他就坚决地戒掉了吸烟。直到 1910 年，国外的吸纸烟风气传到了我国，于是除吸鸦片外，吸纸烟就成了时髦的玩意了。严修却深感痛绝。他说："不分贫富老少，近 10 年来风俗习染之骤，有可惊可惧者，吸纸烟之风即其中之一，群众恬然而不为怪。"特别是当时高喊"讲卫生"的维新派，竟对此听而不闻，视而不见，简直使他不可理喻。他当即愤怒地指出问题的严重性："流毒之广，较鸦片初入中国时，十倍百倍不止。"

严修自己提倡戒烟，言传身教，并提出一套推行戒纸烟的方法，即先从自身戒绝而后以戒他人。长官、父老、将领、师长，应率先为戒烟的榜样，然后再影响下属、子弟、士兵、学生戒掉，由个人家庭而扩大到乡里，由乡里而扩大到全国，则不难取得切实的效果。他还经常以现身说法，向人们宣传吸烟的害处、戒烟的好处，以及如何戒烟等。他说："戒烟之苦，不过数日，若能坚持，定能成功。"他随时随地宣传，不论是在公共场所，还是在什么地方，只要见到吸纸烟者，总要说上几句。在他的倡导下，很多人确实戒掉了吸烟。

如今，几乎在全世界范围内都提倡戒烟，越来越多的人逐渐认识到：吸烟百害无一利。有人说："吸烟是花钱买自杀！"这并非夸张，至今有关科学研究结果都证明：吸烟有害身体健康，同时，吸烟也很不卫生。因此，我们借此忠告各位吸烟者戒烟吧！还没学会吸烟者，请不要养成这一不良嗜好！

32. 詹天佑锻炼身体为国争光

詹天佑不仅是一位世界闻名的铁路工程师，也是一位常在大风大浪里畅游的高手和出色的海军教官。在抗法战争的马尾海战中，他的英勇行为，不仅受到中国人民的讴歌，而且使一些侵略者为之叹服。

詹天佑幼时常在池塘里玩水。摸鱼、抓泥鳅及捉鳝鱼，使他从小就练出了较好的水上功夫。

詹天佑11岁的时候（1872年）考取了幼童出洋预备班，官费留学美国，在耶鲁大学土木工程系，学铁路工程。

当时，中国在铁路建设方面的技术还很落后，没有自己的工程师能够设计和修建铁路。詹天佑立志要为中国人民争气，为祖国争光，决心在学业上取得最优异的成绩，在身体上保持一个健康的体魄，以便将来回国后，能够更好地为祖国效力。因此，他在课余时间，积极参加体育锻炼。詹天佑的体育爱好也是比较广泛的，据《美国土木工程学会会报》上发表的《詹天佑生平事略》记载，詹天佑留学时，除坚持游泳、钓鱼外，还学会了滑冰。他也喜欢打球，尤其喜欢打棒球，是中国留学生代表队的主力队员。该队在同美国旧金山附近的橡地半职业球队比赛时，詹天佑表现出了高超的技术，他的体力和球技都比较出众，观众感叹地说："中国留学生队的球艺震惊了美国队。"

1881年，詹天佑回国，在福州船政学堂学习时，船上生活不仅使他提高了游泳技术，而且成为学员中游泳的义务教练。

在训练水兵时，詹天佑特别注重提高战士的游泳技术，从严要求，不仅要求他们能在海边漫游，而且常把船开到海上深水浪尖处锻炼水兵的毅力和水上作战能力。

1884年7月，法国远东舰队司令孤拔利用中法交涉的时机，率领舰队主力驶入福州马尾港，和中国舰队同泊一处，这明明是对我们的挑衅，可清会办福建海防大臣张佩纶和船政大臣何如璋既不阻止，又不戒备，在兵临城下的情况下，他们仍不准海军做任何战斗准备。8月23日，停泊在马尾的法国舰队开炮轰击，中国海军仓促应战，军舰被击沉9艘，官兵伤亡700余人，福州造船厂亦遭炮轰。船上的官兵由于是被动应战，又因寡不敌众，船上的官兵纷纷落水。

经过詹天佑训练的官兵，个个会游泳，他们在炮火连天的海洋里，舍生忘死，在水中抢救别的船上不会水的官兵。詹天佑本人更是往返游渡于枪林弹雨之中，谱写出一曲爱国主义的英雄赞歌。

1888 年，詹天佑 28 岁时离开了海军，正式走上铁路建设岗位。1905 年，清廷任詹天佑为京张铁路总工程师兼会办。这是中国第一次任用自己的工程师修建的第一条重要铁路。

北京丰台至张家口铁路全长 200 公里，要经过燕山，工程十分艰巨。当时帝国主义分子嘲讽"中国能修京张铁路的工程师还没有诞生!"但是，詹天佑带领技术人员，依靠广大工人，发扬艰苦奋斗的创业精神施工修路。在修建中不仅因地制宜运用"人"字形线路，减少工程数量，而且利用"竖井施工法"开挖隧道，缩短了工期。开创了中国人自己设计施工建筑铁路的历史先河。

33. 蔡元培提倡体育

蔡元培（1868—1940 年），字鹤卿，号孑民，浙江绍兴人。中国近现代著名的民主革命家、教育家、科学家。曾任翰林院庶吉士、编修等职。戊戌变法失败后，弃官回原籍兴办教育，任绍兴中西学堂监督。1902 年在上海创办爱国学社和爱国女学校，后者设有专门的体育科。1904 年组织光复会，任会长。1912 年任中华民国临时政府教育总长。1917 年任北京大学校长。1927 年后，曾任国民党政府教育行政委员会常委、大学院院长、中央研究院院长等职。"七·七"事变后，拥护国共合作，主张坚决抗日。1932 年，同宋庆龄、杨杏佛等在上海组织中国民权保障同盟，被推为副主席，积极营救被捕的共产党员和爱国人士。1938 年，被推为国际反侵略运动大会名誉主席。1940 年 3 月 5 日在香港病逝。

蔡元培的教育思想，对中国近、现代教育的发展有重大影响。在他的全部教育思想中，重视体育的思想也很突出，并亲自抓体育。

早在20世纪初，蔡元培已立志于民主革命，在爱国学生中竭力开展军事训练，他自己也剃了头亲自参加操练。民国成立后，蔡元培进一步提倡体育。他分析了封建社会中的妇女为什么特别懦弱；为什么"不幸地方有争战之事，敌兵尚未至，畏而自尽者比比矣"，原因是多方面的，其中很重要的一点就是"皆不运动不发达其身体之故，卒善成懦弱性质，以减杀其自卫之能力与胆量也。"后来他还指出，中国妇女若要"解除传统的钳制，与世界出类拔萃的妇女竞争，则必锻炼其体格与心智之能力"。因此，他把体育作为学校培养

人格的首要任务，说："身体与精神，均含有一种潜势力，随外部环境而发达"。运动就能使之发达，反之就会萎缩。因此，他一再告诫学生要"切勿间断"，即使毕业之后，担任别种事业者，亦当时时练习。

1917年，蔡元培在北京大学任校长，当时的北京大学是一所封建思想、旧文人习气十分浓厚的"学府"。有些人埋头读死书，也有些纨绔子弟生活放荡。蔡先生到校第一天讲话就严厉指出，"大学生当以研究学术为天责，不当以大学升官发财之阶梯。"他也考虑到，"终日伏首案前，芸芸攻苦，毫无娱乐之事，必感身体上之苦痛"，所以竭立创办体育会、音乐会、书画研究会等组织，"以正当之娱乐，易不正当之娱乐，庶以道德无亏，而于身体有益"。

由于当时封建思想比较严重，学生上体育课被一些守旧的人视为"丧风败俗"，蔡元培深感提倡体育并不是靠命令能办到的，他到处宣传体育的重要性，唤起人们思想上重视它。

1917年4月，蔡元培在中国大学4周年纪念会上讲："吾人在校肄业，即为预备及欠债时期；毕业即入还债时期矣。……故吾人一生，定以第二时期为最重要。然此种工作，亦不

能不有预备。此科预备有二：一、材料之预备，如学生之课程是也。二、能力之预备，即学校为锻炼吾人体力、脑力之助，又以职教员之训练及其所授予吾人之模范为修养之助。"

同年5月，蔡元培又应邀赴天津演讲，反复强调体育的重要，他说："有健全之身体，始有健全之精神。若身体柔弱，则思想精神何由发达？"当时周恩来同志还笔录了他这个论德育、智育和体育的演讲词，并写了按语，发表在南开中学的《校风》上。

1919年9月，他在北京大学22周年开学式上又一次重申：

"研究学理，必要有一种活泼精神，不是学古人'三年不窥园'的死法能做到的。所以本校提倡体育会、音乐会、书画会等，来涵养心灵。"

蔡元培无时不把发展体育运动、增强学生体质一事放在心上。1920年10月，他在赴欧考察前对北大学生话别时，还语重心长地说："我对诸位的临别赠言也不过几句老生常谈。不过第一，望大家要特别注意体育！我们收了体育费，愿望让大家自由去运动的，可是二年来尚少效果。诸位何必要做成'书痴'相，弄得曲背弯腰呢？这一层愿大家各就所好，多多运动，可是二年来尚少效果。历年华北运动会，通知到我们，都没有法子。论人数北京大学最多，为什么一个都没有加入呢？虽然我们并不要在比赛场上出风头，但是有益的运动，我们决不可不练习。"

蔡元培离开北大去欧洲路经新加坡时，在南洋华侨中学全面阐述了培养健全人格的全面教育思想，特别强调了体育的重要作用。他说："所谓健全的人格，内分四育，即：体育、智育、德育、美育。这四育是一样重要，不可放松一项的。先讲体育，在西洋有一句成语，叫做健全的精神，寓于健全的身体。足见体育的不可轻忽。不过，体育要发达学生的身体，振作学生的精神，并不是只在赌赛跑跳，或开运动会博得名誉体面上头，其所以要比赛或开运动会，只是引起研究体育的兴味；因恐平时提不起锻炼身体的精神，故不妨常和人家较量较量。我们比不过人家时，便要在平常用功了。其实体育最要紧的，是合于生理。若只求个人的胜利，或一校的名誉，不管生理上有无危险，这不要说于身体上有妨害，且成一种机械的作用，便失去体育的价值了。……要在心理上使学生彻底明白体育的目的，是为了锻炼自己的身体，不是在比赛争胜上，要使他们望正鹄做去。"

蔡元培考察回国后，更积极提倡体育。1922 年 4 月，他为北京大学举办秋季运动会写了《运动会的需要》一文，进一步提出开好体育运动会可以"鼓励运动的兴会"，"增加校外同志的社交"，"养成公德"等。

蔡元培在北京大学几年，凡是对身体有益的就提倡。他创立了体育会，添置了各种运动器材，他还亲自写信给当时一位有名的建筑师，请他来校勘察设计开辟游泳场所；他还专门派人去上海青年会体育专修班进修学习；他请了有名的武术家来校任教，也请人来开展西洋拳击运动。有一段时间，北京大学还专门养了几匹马，它不是供拉车运物的，而是为了学生骑马锻炼用的。在体育方面，蔡元培也是采取了"兼容并包"的方针，蒋维乔讲授静坐法就是明显一例。为了便于开展体育活动，蔡元培还制定了校服，规定上体育课必须穿校服。

蔡元培的体育实践和体育思想，特别是他在关于如何处理体育与智育、德育、美育之间的关系方面的见解，至今仍具有重要的现实指导性。

34. 张伯苓整洁健身为人师表

张伯苓（1876—1951 年），名寿春，天津人。中国现代教育家。1895 年毕业于北洋水师学堂。甲午中日战争以后，深感中国积弱不振，又受资产阶级维新思想影响，认识到"自强之道，端在教育。"遂弃武从文，立志"创办新教育，造就新人才。"1904 年与前贵州学政严修在天津创办私立中学堂，后改称南开学校。1919 年创办南开大学，以后又成立南开女中、南开小学以及重庆南开中学，先后担任校长 40 余年。解放前夕，他拒绝蒋介石多次"催请"，不去台湾。盛赞新中国及人民政府的各项政策。他积极兴办新教育，主张学校教育应重视体育训练；力主学生多接触社会实践；鼓励学生成立社团，开展各种课外活动；提倡团体精神，树立优良校风；注意道德教育，灌输爱国主义思想。

张伯苓办学十分强调德、智、体并进。他说："教育一事，非独使学生读书习学而已，尤要在造成人格，三育并进，而不偏废。"他很重视体育，并指出，提倡体育不仅在于培养少数选手，而在全体学生；不仅在技术之专长，而在体德之兼进；不仅在学校，尤重在全社会体育蔚然成风。他积极倡导和组织全国体育活动，多次担任全国运动会总裁判，率领中国体育代表队参加国际比赛。在教学中，他始终把体育列为必修课，认为"强我族类，体育为先。"

张伯苓在办学中，最重视对学生进行道德教育，在这方面，有许许多多生动感人的事例，这里只讲一点，即"爱整洁为人师表"。

张伯苓十分重视对学生进行文明礼貌教育，每逢周三，他都要亲自给学生上"修身"课，注重培养学生的道德情操。当时，他亲自在南开校门内侧挂了一面大的穿衣镜，这一来是让师生们经常检察一下自己的着装是否整洁，更主要的是他在镜面上题了一幅"镜箴"，上面写着：

"面必净，发必理，衣必整，纽必结。

头容正，肩容平，胸容宽，背容直。"

"气象：勿傲，勿暴，勿怠。

颜色：宜和，宜静，宜庄。"

像这样，把箴言写在镜子上，天天对照，以督言行，实是别出心裁，说明张伯苓的良苦用心。正是这种从整顿仪表开始，进而教育学生讲文明，懂礼貌，求学上进的一整套做法，使南开中学建立了一种崭新的校风，培养出许多优秀人才。

为了提高教育效果，张伯苓要求学生做到的，自己首先身体力行，起到了表率作用。比如有一次，他严肃地告诫一位学生："吸烟对身体有害，你应该戒掉。"可那个学生有些不服气，指着张先生那被熏黄的手指俏皮地说："您不是也吸烟吗？对身体就没有害了吗?"张先生深受启发，是啊，教人先克己。面对学生的责难，他没有发火，只是歉意地笑了笑说："你的提醒很对。"他立即叫工友把自己所存的烟全部取来，当众销毁，还折断了自己用了多年的烟袋杆，并态度诚恳地说："不如此不能表示我的决心。从今以后，我与诸同学共同戒烟。"果然，从那以后，张伯苓校长再也不抽烟了。这种"正人者，先正己"，以身作则，为人师表的作风，受到了广大师生的称赞，在他言传身教的影响下，全校师生的精神面貌发生了很大变化，人人讲卫生，爱整洁，校容校貌也不断改善，为师生们创造了舒适、幽雅的学习和工作环境。

35. 秋瑾习武练兵

秋瑾（1879—1907 年），原名秋国瑾，字璿卿，号竞雄，别署"鉴湖女侠"。浙江山阴（今绍兴）人。近代民主革命烈士。

秋家住在绍兴城南门，环境幽静，适宜读书。少年时代的秋瑾，聪明好学，写得一手好诗文，她还十分崇敬民族英雄，练就一身好武功。因为自己"身不得男儿烈，心却比男儿烈"而发出无限感叹，誓与男子并驾齐驱，担当起杀敌报国的大任，把横行中国的帝国主义赶出去。国家的命运使秋瑾觉得光读书作诗还不够，必须要有杀敌的本领才行。她由此萌发了练武功的想法。她听说住在肖山的舅舅和表兄弟都在练习武艺，就请母亲带自己来到肖山舅舅家里。

舅舅听说秋瑾要学武术，吃惊地问："玉姑（秋瑾的乳名），你也要学武艺，为什么？"秋瑾坚定地说："我学会武艺，将来像花木兰那样上沙场杀敌。"站在一旁的表哥十分赞成秋瑾的意见，代秋瑾向父亲说情。秋瑾的舅舅是个聪明人，他觉得国家多事之秋，学一点防身的本领也未尝不可，于是，答应了秋瑾的要求。从此，秋瑾就在舅舅家跟着表兄学武术。

秋瑾非常能吃苦，每天早晨，当天空刚泛着鱼肚白的时候，她就箭衣窄袖，练习武术。每天傍晚，当落日的余晖投洒在低矮的山岗时，秋瑾骑着骏马在郊外驰骋。手扭伤了，她不怕痛，坚持练拳舞剑。有多少次从马上摔了下来，她不怕苦，咬咬牙依然奋勇上马。经过短短几个月的刻苦练习，秋瑾就学会了骑马射箭、舞剑的本领，身体逐渐强壮起来，性格也越来越豪爽了，她卸下女儿装，经常穿着男人的衣服，腰佩宝剑，骑着骏马在肖山出没，人们看着她那奋

137

发有为的英姿，都不由得暗暗称赞，秋瑾的舅舅看了更为高兴。

在肖山舅舅家学武艺的时间虽然只有几个月，但对秋瑾成长的影响却很深。俗话说"艺高人胆大"，秋瑾虽然还算不上武艺很高，但经过几个月的苦练，她毕竟是学到了一些武艺，这对本来就有雄心壮志的秋瑾来说，如虎添翼，参加革命的劲头更足了。她在北京进步报刊的启发下，在一些革命志士的影响下，秋瑾对日本发生了兴趣：日本为什么会这么快就强盛起来？尤其是听说东京有中国的革命党活动。她很快拿定了主意，"到日本去，去读书，学本事，为女子争口气！"

1904 年 4 月，秋瑾为了向歧视妇女，把妇女当作玩物的封建礼教挑战，她毅然脱下红妆，全副男装，"钗环典质浮沧海，骨肉分离出玉门。"踏上了开往日本的航船，迈开了她一生中具有决定意义的一步。

在日本，秋瑾结识了许多在日留学的革命志士，经黄兴介绍，认识了孙中山，参加了同盟会和光复会，开始了辉煌的革命历程。1906 年为反对日本取缔留学生而归国，在上海发刊《中国女报》，提倡女权，宣传革命。1907 年回绍兴主持大通学堂，联络金华、兰溪等地会党，组织光复军，与徐锡麟分头准备皖浙两省起义。

为了做好武装起义的准备，秋瑾加紧训练光复军。在大通学堂，她还专门为女生开设兵课，把女生编成一支女光复军，每日早晚，身穿男式体操军衣，怀藏勃朗宁手枪，腰挎明晃晃的日本式倭刀的秋瑾，威武雄壮地骑在马上，亲自率领女光复军到城外大操场上进行军事训练。她脑后和普通男子一样，垂着一条辫子，不认识她的人都误以为是男的呢。

在隆冬时节，学生们在秋瑾的指挥下刻苦训练，她虽然没有经过军官学校的专门训练，但指挥女兵操练，准确熟练。一会儿指挥女兵前进，一会儿命令女兵后退，一会儿卧倒，一会儿起立，口令清晰，指挥有方，女兵个个训练有素。她还从女兵中挑选出身体健壮的进行武术训练，大通学堂的操场，俨然成了练兵场、演武场。

1907年7月，徐锡麟刺杀恩铭，起义失败，清政府发觉皖浙间的联系，派军队包围了大通学堂，秋瑾被捕不屈，15日就义于绍兴轩亭口。

36. 王芗斋创编"健身桩"

王芗斋（1887—1963年），原名向斋，字字僧，河北深县人。解放后曾在北京中医研究院、保定中医研究院任"站桩功"（健身桩）疗法顾问。著有《意拳正轨》、《站桩功》、《大成拳论》等。

王芗斋幼时多病，身材矮小，遂弃读寻师求强身之术。1904年，他拜同乡形意拳名家郭云深为师。后郭病卧不起，王芗斋朝夕侍奉，得郭青睐，传以精要，芗斋得传之后，苦练数年，不仅体健力强，还擅长技击。成年之后外游各地，广交拳友，切磋技艺，又学得太极拳、八卦掌和福州踪鹤拳等。王芗斋经数十年的亲身实践和理论研究，最后融会贯通，摆脱拳套，注重站桩，创成以"浑元桩"为本，重"意"弃"形"，讲究实搏散手的现代"意拳"（也有人称之为"大成拳"）。1930年至1937年间，王芗斋在上海传拳。后返回北京，在保定和北京一带传拳、行医，为"意拳"和他整理创编的保健"站桩功"（健身桩）的推广奠定了基础。

王芗斋在他著的《养生桩简介》和《健身桩漫谈》两篇文章中较详细地介绍了他创编的"健身桩"。他说，"养生之术历史悠久，方法繁多，锻炼方式虽各有不同，但总的目的都是为了祛病延年，防止早衰。回忆数十年来我对养生术的学习和锻炼，自觉简而易行，受益很大的是站桩（健身桩）。"

他在谈到站桩功的基本作用时说："一方面能使中枢神经得到休息；另方面能促进血液循环，增强个人系统的新陈代谢。中枢神经得到充分休息，调节功能就会加强；血液循环加速和新陈代谢增强，使五脏、六腑、四肢、百骸得到充分的灌溉。如果全身润泽，生机旺盛，就能达到祛病延年的目的。"他还认为，健身桩既是一种学术，也是一种医疗体育运动。参加这种运动的人，不限年龄性别，不拘身体强弱，亦无任何局限，有病者治病，无病者防病。运动时不在姿势方面着想，也不在式之繁简上注意，更不在姿势的前后次序，主要使大脑得到充分休息，使肢体得到适当锻炼，即静中生动，动中求静。王芗斋总结自身实践以及所有练此功的人时说："这种运动对保持健康治疗疾病具有显著的特效，五十年来从无一人出流弊且百分之九十几都有效果。"他还认为，这种运动和一般体育运动不同，它是把锻炼和休息统一起来的一种运动。是在锻炼中休息，又在休息中锻炼的运动方法。因此它具有调整中枢神经和末梢神经的功能作用，从而使人体各部分在高级中枢神经支配下密切协作。

王芗斋把健身桩分为4种形式：

（一）站式

1. 休息式：两脚略成八字形分开，宽度与肩齐，两脚着地，脚趾微微抓地，全身重量放在脚掌上，两膝微曲前不过脚尖，臀部似坐似靠，上身保持正直，两手反背贴腰，臂半圆，腋半虚，身躯挺拔、正直。

2. 扶按式：两臂稍抬起，手指微曲并自然分开，指向斜前方，掌心向下，如按水中浮木或浮球。其他同休息式。

3. 托抱式：两手近不贴身，远不过尺，手指相对，手心向上相隔约三拳左右，位于脐下，如托抱一大气球，其他同休息式。

4. 撑抱式：两手抬至胸前，距胸约一尺，手指自然分开微曲，两手相隔约三拳左右，手心向内如抱物状或手心向外如撑物状，其他同休息式。

（二）坐式

1. 端坐椅上，上身正直，两膝弯成约 *90°*，两脚掌着地，相距约与肩齐，两手放于腿根部，手指自然分开并微曲，指向斜前方，臂半圆，腋半虚。

2. 两脚前伸，膝微曲，足尖回勾，足根着地，双手如抱物状。

（三）半伏式

一般对消化系统病有较好疗效，双手扶按在桌或椅背上靠或两肘搭伏在桌面上亦可，两腿分开如站式，臀部后依如坐凳，腹部放松。

（四）卧式

身体仰卧，两腿微微分开，两足根着床，两膝稍弯曲，肘部着床，两手放于腿窝或小腹部位，也可抬至胸前作抱物状。

所有这些姿势，并不是最重要的，姿势虽然也需要，但重要的是无形的意念，"无形就可以无穷了"。"意念领导，心理影响生理，生理作用心理，互根为用。""锻炼是在无力中求有力，在微动中求速动的运动，一用力，身心便紧，百骸失灵，并有注血阻塞之弊。这种力量是精神的，是意念的，有形就破体，无形能神聚。"讲得很透彻。

练健身桩需要注意的几个问题：

第一，形体应该放松，精神应尽量收敛。如果身心发紧，全身失灵，这样就会使血气阻塞，影响功效。

第二，姿势不宜多变。因为在神静气平和姿势安定之后，血液循环开始加速，当内部正在运动变化时，姿势突然一变，能将内在的运动打乱，所以先师一再提醒我们："大动不如小动，小动不如不动，不动之动才是生生不已之动。"当然，若真正掌握了内在的运动规律，能在形体的变动中毫不减低内在的运动时，则可随意变更，不受姿势限制。

第三，要克制杂念。因为这种运动是一种双重锻炼，不仅锻炼肌体，而且能驯服意念。所以，克制杂念也是比较重要的。克服杂念，多数人只注意追求入静，但却不知追求愈急，精神负担越大，前念未消，后念又起。王芗斋的办法是："唯有采取任其自然，不加克制，来者不拒，去者不留的方法，才能稳定情绪和达到入静的境界。"即在"不期制而制的情况下达到入静"。

第四，初学者要注意锻炼意志。切忌粗暴浮躁、气愤、忧虑、悔惧、得失之念和侥幸思想等。凡学健身桩治病者大都是久病不愈，且药不奏效者，但决不要寄希望健身桩一下子能治好病，也不要因一时不奏效而悲观失望，生气着急。而应耐心地、持久地锻炼，使精神焕发，久而久之，自可功到病除。

第五，要做到四容五要：四容是头直、目正、神庄、声静；五要是恭、慎、意、切、和。另外，健身桩是因病设式，因人而异的。病症不同，身体条件不同，在选择姿势时也应考虑。

关于健身桩的效果问题，王芗斋说："经过四五十年的经验，其效果虽因人而病而异，有大小快慢之别，但除去随学随用之外，没有疗效是很少的，而且有很多人病愈之后继续锻炼，大多收到转弱为强，老当益壮之效。"

王芗斋研究和实践健身桩50余年，他为人们健身治病提供的这一方法，内容比较丰富，也为许多人所采用，在全国范围内影响较大。这里限于篇幅，不但失于简单，有挂一漏万之处，而且有不准确的地方，只能作为学健身桩者的参考。特此说明。

37. 马寅初的热冷水浴健身法

马寅初（1882—1982 年），浙江绍兴人。中国著名经济学家、教育家。他中学毕业后，入天津北洋大学，1906 年毕业后，又留学美国耶鲁大学，后转哥伦比亚大学研究经济学，1914 年在美国获经济学博士学位。回国后被北京大学聘为经济学教授，并被推选为第一任教务长。抗日战争时期致力于战时经济问题研究，反对官僚资本主义，公开抨击"四大家族"，因而遭反动政府逮捕和软禁。1949 年在重庆立信会计专科学校、上海中等职业学校等处执教，并任浙江大学校长。全国解放后，任华东行政委员会副主席、中央人民政府财政委员会副主任、北京大学校长等职。1957 年 7 月 5 日，他在《人民日报》上发表了他的论著《新人口论》他明确提出："控制人口，实属刻不容缓，不然的话，日后的问题益形棘手，越难解决。"马寅初以他经济学家特有的深思远虑，预察到人口问题对经济建设的影响，最先提出需要"节制人口"的主张，这本来是对的。然而，他的人口理论却遭到了错误的批判。1960 年 3 月，他被迫辞职，直到 1979 年 9 月 11 日才给他恢复名誉，为北大名誉校长。中国共产党第十一届三中全会以后，"计划生育"作为一项基本国策确定下来，历史验证了马寅初的《新人口论》是正确的，是一个利国利民的好建议。

马寅初不仅是我国人口论专家，而且在养生健身方面也有独到见解。马寅初老人一生爱好体育，注重健身，他活了 101 岁，如此高寿，与他一生十分重视健身有直接关系。

马寅初从十几岁开始，80 多年从未间断过锻炼身体。他年轻时，练过骑马和游泳，后来由于环境条件的变化和限制，这些项目都中断了，只好改用其他的锻炼方式，他坚持时间最长，收效最大的项目是热冷水浴和爬山。

热冷水浴健身法，是马老在美国留学时从耶鲁大学一位90多岁的医生那里学来的。其方法是：每天晚上就寝前洗浴一次，先进热水盆里洗，洗15分钟后出浴，用毛巾搓擦身体，过三四分钟后，再进冷水盆里很快洗一下，出来后再用毛巾把身体擦干擦红，立即上床睡觉。如无大盆，用两个脸盆也可以，先用热水毛巾擦身，再用冷水毛巾擦身，如果有热冷水的淋浴条件，就用热水和冷水先后冲淋，再用毛巾搓擦，其效果更佳。

马寅初老人坚持用热冷水浴健身法，长达70多年，即使在抗战时期，他在重庆歌乐山被软禁时也每天坚持。在贵州息峰、江西上饶被监禁时没有热水条件，他也用冷水擦浴，从不间断。

当有人问他这种洗法的好处时，他有条有理地说："这种热冷水浴好处有三：一是先用热水洗后，皮肤毛孔张大，身体内的脏东西可以排出去；二是可以促进血液流通，新陈代谢作用旺盛，精神爽快；三是全身血管先因洗热水而张大，后又因洗冷水而收缩，一张一缩，渐有弹性，就不会硬化。"

马老的这种热冷水浴健身法，对他的健康长寿确实有帮助。马老72岁那年在北京协和医院检查身体时，医生告诉他，除了体重有些超重外，心、肝、肺、肾等内脏器官功能都很正常，血压也不高，其健康状况和一个三四十岁的中年人差不多，完全不像一个七八十岁的老人。

马老除了常年坚持采用热冷水浴健身外，还有一种重要健身法就是爬山，他经常利用星期日和寒暑假去爬山。抗战时期，他在重庆大学商学院工作，每个星期回家时，他都不坐"滑竿"，而是利用这个机会练习爬山。后来他被蒋介石软禁，不许他下山，他也每天爬几百米到山顶锻炼。马老爬山，和别人不一样，他要求速度快，在一定时间内跑到，他把这叫做"跑山"。

马老晚年得了直肠癌，医院在考虑是否采用手术治疗方案时，曾有医生认为，查遍世界医学史，最高的手术年龄是 86 岁，而马老已经 91 岁了，能够承担这样大的手术吗。但另一部分人则认为，马老一生注重锻炼，身体素质好，可以接受手术治疗。结果手术进行得很顺利，效果良好，突破了医疗史上的一项纪录。

马老 90 多岁还能承受如此大的手术，说明他的体质很好，而强健的体魄，主要是他常年坚持锻炼的结果。体育锻炼不仅强健了马老的身体，也锻炼了他的革命意志。当他的控制人口的主张遭到批判时，他并不气馁，也不轻易苟同，而是抱着科学的实事求是的态度，对合理的意见虚心接受，对不顾事实的攻击，他进行了针锋相对的攻战。他气愤地说："有人称我是马尔萨斯主义者，我则称他们是教条主义者，反对列宁主义者!"他表示，在人口问题上，"不管怎样的艰难险阻，决不后退半步。"这时，马寅初有几位好心的朋友劝他暂时放弃自己的观点，以后少管闲事。马寅初坚定地说："我是为了国家民族利益提出控制人口问题的，如果只为我个人着想，我完全可以什么事都不管，在家享享清福就是了。"他还说："我认为这不是一个政治问题，而是一个纯粹的学术问题，学术问题贵在争辩，愈辩愈明，不宜一遇袭击就抱'明哲保身，退避三舍'的念头。相反应知难而进，决不向困难低头。我认为在研究工作中，事前要有准备，没有把握不要乱写文章。既写之后，要勇于更正错误，但要坚持真理，即使于个人私利甚至自己的宝贵性命有所不利，亦应担当一切后果。"这充分体现了马寅初为人处事的高度原则性。为了真理，为了学术的尊严，为了国家的前途和人民的利益，马寅初一再声明："不怕坐牢，不怕油锅炸，即使牺牲自己的性命也在所不惜。"马寅初这种坚持真理、尊重科学的高尚的职业道德精神，最终赢得了人民的尊敬。

38. 百岁老人钱立坤的"三动"秘诀

钱立坤是中国著名的棉花专家、全国农业系统劳动模范。他年过百岁，但依然精神矍铄，生活、工作、学习依然勤恳。钱老的身心如此健康，有什么秘诀？

还是听听钱老自己的介绍吧！

当有人问起钱老的健身方法时，钱老不假思索地说："我的健身方法归纳起来可为'三动'：一动身子。这是最主要的'动'，就是运动。我在湖北农村长大，从小就爱帮家里干活，劈柴、运盐、搬家什。上了学校，跑步、游泳、爬山。参加工作以后，打拳、驾船、上棉花田。退休以后，散步、养花、划圆圈（打太极拳）。一生就喜欢动身子，各种锻炼我已坚持数十年了，觉得很有益处，你看我至今腰板挺直，一点也不驼背，听力也好，这都是动身子的好处。二动脑子。我上农校时，记忆力并不好，现在是百岁老人了，记忆力反倒比七八十年前那阵子更好，我的体会是，脑子越动越灵，越不用越钝。我看书、看报，看了就要想，有时走路还不停地想问题，想清楚了，就动笔记下来。长期如此坚持，脑子是越用越活，记忆力似乎比过去有明显增强了。三是动嘴巴。我这里所说的'动嘴巴'就是说话。我把想说的话找老师、同学或者其他亲近的人说出来，心里感到格外轻松；或者经常找点小幽默，和家人、朋友开玩笑，乐一乐，心情也觉得格外舒畅。这样，我感到生活特别充实、愉快。"

钱老常年坚持"三动"健身法，使他虽然年过百岁，仍然保持身体健康，思维敏捷，表达清楚。钱老99岁时还考上了武汉市老年大学，而且学习成绩优异。钱老的健身之道对青少年很有启发。钱老希望大家像他那样，从小养成动身子、动脑子和动嘴巴的好习惯，将来一定都有一个强健的体魄，为国家的现代化建设贡献聪明才智。

39. 鲁迅谈运动

鲁迅（*1881—1936* 年），原名周树人，字豫才，笔名鲁迅。浙江绍兴人。中国现代文学家、思想家、革命家和教育家。

鲁迅原学医，后从事文艺和教育工作，企图用以改变国民精神。*1902* 年去日本留学，*1909* 年回国，先后在杭州、绍兴任教。辛亥革命后，曾任南京临时政府和北京政府教育部部员、金事等职。五四运动前后，参加《新青年》杂志的工作，站在反帝反封建的新文化运动的最前列，成为"五四"新文化运动的伟大旗手。*1918* 至 *1926* 年间，创作出版了《呐喊》、《坟》、《热风》、《彷徨》、《野草》、《朝花夕拾》、《华盖集》等专集。这一时期，鲁迅开始接触马列主义，逐渐放弃了进化论思想。*1930* 年起，鲁迅先后参加中国自由运动大同盟、中国左翼作家联盟等进步组织，同国民党反动派御用文人及其他反动文人、反动文学进行了不懈的斗争，粉碎了反动派的文化"围剿"。

鲁迅先生生前很重视体育运动，他几次引用英国教育家洛克的一句名言："健全的精神寓于健全的身体。"他在晚年也常对青年们说："运动原是很好的"。这话听起来很平淡，但却是他长期战斗生活经验的深刻总结。

鲁迅先生在青年时代就是一位热衷于运动的"名人"。他在南京陆师附设的矿路学堂做学生时，课余时间苦练骑马，掌握了骑马的技术。后来，他在日本东京学习，又是中国留学生中第一批报名参加柔道训练者之一。

鲁迅先生爱好运动，源于他对运动有深刻的理解。他曾这样高度评价运动的价值：同样是人的手脚，经常运动的跟不注意运动的人，却就截然两样。他在《寡妇主人》一文里举例说：——虽然是天赋的东西，但倘没有相当的刺激和运用，就不发达。譬如同是手脚，坐着不动的人将自己的和铁匠挑夫的一比较，就非常明白。铁匠挑夫是手脚运用不息的劳动者，所以他们的手脚远比"坐着不动的人"的健壮有力和发达。

鲁迅先生由于深明运动的意义，又注意锻炼身体，因此，他虽然是握笔的文人，但他并不像一个"文弱书生"，而像一个健康、灵活的运动员。许广平同志对别人说："周先生在北京时，有时开着玩笑，手按着桌子一跃就能跃过去……"

鲁迅先生对如何科学地锻炼身体，也有深刻的见解。在鲁迅看来，一般体质衰弱的人，都希望自己的身体能强健，但身体的强健，并不是一味依靠"休息"和"营养"，而是需要注重经久不懈的锻炼。孙伏园先生回忆道：我是一个什么事情也不会动手的人，身体又薄弱，经不起辛苦，鲁迅先生教我种种保护身体和锻炼的方法。

鲁迅先生认为，体质"薄弱"的人，从事锻炼更应该有一个科学的态度，倘是缩手缩脚固然不行，单凭一股热情蛮干也是不对。他在早年所编的《生理学讲义》里，明确地提出："体羸及病疝者，运动宜择其易"。"运动之时间及速率，宜以渐进，徐徐益其度。"这就是说，体质弱的人运动应该先从容易开始，以后再慢慢提高运动的速率，增加运动的强度。

在日常生活中，人们惯以"胖"或"瘦"作为身体好与不好的标准。鲁迅先生则认为，这种观念实际上并不准确。譬如"胖"，便不足以说明身体的强健。要"胖"得肌肉结实，有弹性、富光泽，这才是真正强健的标志。如果一个人忽视体育锻炼，单是靠所谓

"吃得好"，发"胖"了，这种臃肿的"胖"其实正是一种病态。鲁迅先生在《由中国女人的脚，推定中国人之非中庸，又由此推定孔夫子有胃病》里曾写道："人必有所缺，这才想起他所需，……富翁胖到要发哮喘病了，才去打高尔夫球，从此主张运动的紧要。"有些青年发"胖"了，希望自己能"瘦"一点，于是写信向鲁迅求教，想借助于某种药物来达到目的。鲁迅先生即在复信里指出：任何药物都未必有效，根本的办法是要重视运动。他在给同乡青年章廷谦的信上写道：与其胖也宁瘦，在兄虽也许如故，但这是应该由运动而瘦才好，以泻医胖，在医学上是没有这种办法的。

鲁迅先生非常热爱和关心青年的成长，教导他们要锻炼好身体，他说："身体不强健……这于战斗是有妨碍的。"因此，他希望肩负将来的青年们，不但要有革命的思想、高尚的情操和科学文化知识，还要有强健的体质。鲁迅先生在厦门大学执教时，他感到值得高兴的事情之一就是："此地之学生似尚佳，清早便运动，晚亦常有……"因为在鲁迅先生看来，"运动"将会给青年一个"健全的身体"。

著名的体育教授马约翰曾说过："动是健康的源泉，也是长寿的秘诀"。鲁迅先生就是一个典型的实证。他从小身体单薄、瘦弱，在青少年时曾感染了肺结核病，如不经常运动，不注意健康，就很难想象在以后"风沙扑面，虎狼成群"的岁月里，他怎样用那支笔承担着与敌人搏斗的艰巨任务。

鲁迅先生为中华民族的解放事业忘我地工作着，当他晚年痼疾发作的时候，他谢绝了出国就医，坚持在中国的土地上为中国人民战斗到最后一息。一位为他诊断的欧洲肺病专家，对鲁迅能有这样强的抵抗力感到吃惊，称赞鲁迅是"最能抵抗疾病的典型的中国人"。

鲁迅先生曾写信告慰他的母亲：男盖从少年时即有肺病，至少曾发病两次，又曾生重症肋膜炎一次……但当时竟并不医治，且不自知其重病而自然痊愈者，盖身体底子极好之故也。鲁迅先生所说的"极好"的"身体底子"，就是他从青少年时代就很重视体育锻炼的结果。

40.　"千斤神力王"王子平

王子平（1881—1973年），河北省沧州人。回族。武术家。王子平出身于武术世家。祖父以"翻杠子"闻名远近。父亲王福宏有"粗胳膊王"之称。王子平自幼习武，精于摔跤及各式长拳，且臂力过人。1918年曾在北京中央公园以打擂台方式当众击败号称"世界第一大力士"的沙俄拳师康泰尔。后又多次在济南、上海等地击败美、日、德等国的大力士。解放后，定居上海。从事骨伤治疗，长于正骨医术。1960年曾随周恩来总理访问缅甸，任中国访缅武术团总教练。历任中华全国体育总会委员、中国武术协会副主席、中国摔跤协会委员等职。他还是上海市政协委员、市人大代表、伤科学会主任委员、上海伊斯兰教协会副主席。著有《拳术二十法》、《祛病延年二十势》等。他还参加了《中国武术》、《武术之家》、《大李、小李和老李》等10多部电影的拍摄。

1900年，河北沧州一带，义和团运动遭到八国联军的镇压。王子平因"拳匪"之嫌，逃到山东济南府避难。济南是有名的"泉城"，到处泉流奔涌。王子平到济南后的第二年，有一天在柳园喝茶，看到一群人围着一个水推磨看热闹。那盘石磨在泉水溪流的推动下，像飞转的车轮，旋力很猛。王子平脱口而出："我能叫它停止转动！"旁边的人认为他是吹牛。王子平血气上涌，他拨开众人，上前两步，把腿一叉，来了个骑马式，然后身子一拧，一把就拉住了飞旋的水磨。在场的人异口同声："好厉害！"从此，"千斤神力王"的绰号就叫开了。

"千斤神力王"可非一日之功。王子平七八岁时，就善于动脑筋，他用挖沟挖坑的办法来练习跳远和窜跃。随着沟的挖宽，坑的挖深，他的跳跃本领也越来越高强。到十四五岁时，就能前跃一丈，后纵八尺了。王子平练功如痴如迷，拿大顶、站梅花桩、举石担、打沙袋，什么都练。上炕下炕也窜上窜下，练习蹦跳和轻身本领。他每天起得很早，有时三更天起床，顶着满天星斗，全神贯注地练功，一直练到旭日东升。这就是古人说的"北斗功"和"露水功"。

烈日炎炎的盛夏，他全身装束，在暴日下练功。冰天雪地的寒冬，他却脱去外衣，赤着上身打拳。刻苦的练习，使王子平的功夫得到很大的进步。*1923* 年画家齐白石亲笔书赠"南山搏猛虎，深潭驱长蛟"的对联，称赞他那纯熟的技艺和深厚的功底。

1920 年，有个叫康斯顿的外国人在上海摆擂台。王子平应上海武术界的邀请去打擂，到上海后，有些人见他个头不大，貌不惊人，担心他打不过显赫一时的康斯顿，便叫他先露一手。在孟渊旅馆的高楼栏杆上，他先拿了一个顶倒立，随后翻了下来。之后，又随手把一个测验手力的拉力器拉坏了。康斯顿听到这个消息后，在打擂的前两天便逃走了。

1921 年，又有一个叫沙利文的美国人结伙来到上海摆擂台。主要成员有英国的乔治（体重 *295* 磅），德国的彼得（体重 *305* 磅），还有美国的丁柯尔。他们自恃阵营强大，目中无人，在报上公然倡言："凡能打上他们一拳的赏 *500* 元，如把他们打倒在地，赏 *1000* 元。"这一来激起了当时不少中国人的无比义愤。上海武术界便推举王子平去打这个擂台，王子平慨然允诺。比赛的前一天，外国经理假惺惺地提出，为了表示双方友好，先请比试者在场上向观众讲话。王子平先上讲台，正要讲话，这时身后忽然窜出一个彪形大汉，冲

着王子平就是一拳。练武术的讲究眼观六路，耳听八方。王子平知道这家伙居心叵测，一侧身就把来拳躲了过去。那家伙见一拳没打着，回手又是一拳。这下可把王子平惹恼了，他避开来拳，顺势飞起一脚，把那家伙踢翻在地，随后又还了他一拳，打得那家伙连滚带爬。"万国竞武场"的"友好"就这样被拳脚代替了。

当天晚上，"万国竞武场"送来一张纸条，声言合约无效，取消第二天的比赛，并说那个打手不是他们的人。王子平岂肯罢休，托人带口信给沙利文，"你们不赛，我一定要赛。来一个打一个，不见输赢不罢休！"那帮家伙见势不妙，马上溜之大吉。"万国竞武场"就此草草收场。王子平凛然正气和非凡身手，大长了中国人民的志气。

王子平在近代和现代世界武坛上蜚声中外，威名远扬，他为中华民族武术的发展作出了重要贡献。1959 年庆祝建国十周年，王子平应邀参加了国宴。他为祖国争了光、争得了荣誉，也为我们树立了学习的榜样。

41. 毛泽东锻炼身体

毛泽东在长期的革命实践当中，之所以能为中国革命和世界革命作出重大贡献，固然具有很多因素，包括他的革命胸怀、胆略、学识、才能和健康的身体条件等等。其中，有一个健康的体魄，是毛泽东一生革命取得伟大成就的重要条件。

毛泽东早在青少年时代，就以勤奋好学、顽强锻炼身体而著称。他认为，一个人不仅要有高尚的道德、丰富的知识，还要有强健的体魄，以便将来担当起改造国家和社会的重任。因此，他主张一个人应该"文明其精神，野蛮其体魄"。

毛泽东出生于农民家庭。小时候他喜欢与小伙伴成群结队地上山放牛，同时兼有割草、拾柴和拣野果的任务。他们组织起来，分工合作，腾出时间来玩"打叉"、"摘野果"的游戏。打叉时，用三根柴棍搭个架当靶，拿另一根棒站在远处朝靶掷，中靶次数多者为胜。摘野果就是跳着摸高，即把采来的山楂、野栗子之类，吊到高矮不同的树枝上，轮流跳起触摸，跳得高，摸得准为胜。这些带有体育活动性质的游戏和劳动，使他的身体从小就受到了较好的锻炼。

少年时期的毛泽东，喜欢在门前的池塘里游泳。开始，他只能在塘边划来划去，通过勤学苦练，进步很快，终于能从塘的一边到另一边游好几个来回。对此，他后来风趣地回忆说："我从小喜欢玩水，家门口有口塘，就在这个塘里玩水，有一次差一点出了危险，阎王老子向我招手，我就是不去，结果我就学会了。"这里就是毛泽东一生酷爱游泳，足迹遍及江、河、湖、海的开端。

1913 年，毛泽东就学于湖南省立第一师范学校。在学校，他关心国家大事，不懈地追求真理，是倾向革命的学生领导者之一。在求学期间，毛泽东一直没有放松过对身体和意志的锻炼，而且开始把锻炼身体与宏大抱负联系在一起了，对体育活动和锻炼身体有了更高的认识。在这里，他给自己起了别名，叫子任，意思是男子应以救国救民为己任，立志"改造中国与世界"。此后，他对身体和意志的锻炼更加严格了。他进行的体育活动项目很多，主要有冷水浴、日光浴、风浴、雨浴、游泳、登山、露宿、长途旅行以及体操和拳术等。毛泽东认为："冷水浴好处多，一来可以锻炼身体，二来可以练习猛烈与不畏。"秋冬雨雪纷飞，寒风袭人时，他仍能赤着上身，在校后坡道上跑步擦身，边跑边擦，实行"雪浴"、"雨浴"和"风浴"。

在学校的浴室旁边，有一眼清凉的水井，毛泽东常来这里进行冷水浴。每当清晨，东方刚出现鱼肚白，同学们还在酣睡的时候，他就起床，带着罗布浴巾，来到水井旁，用吊桶打上井水，一桶一桶往身上淋，然后用浴巾洗擦全身，擦后又淋，淋了再擦，反复一二十分钟，直到全身发热发红为止。然后再作一些简单的运动。

毛泽东很赞赏明末清初的思想家顾炎武，老年还能漫游天下，赞赏颜习斋文而兼武，能远游千里之外的塞北。1916 年暑假，毛泽东约了几个同学，从长沙出发，走过宁乡、安化、益阳、沅江各县，进行游学式长途步行，历时 33 天，行程 900 多里。第二年暑假，他又和蔡和森一起，围绕洞庭湖的东岸和南岸，走过益阳、沅江、汉寿、浏阳、岳阳等县，沿途还访问了农村、学校、游览了名胜古迹。

此外，毛泽东还进行负重跑步，跑步时，用砂袋绑在腿上、背在背上或挂在胸前，用以锻炼步行能力和耐劳精神。

善于利用各种自然条件进行锻炼，又习惯于把自己的各种活动与磨砺意志有机地结合起来，是毛泽东锻炼身体的一大特点。他在锻炼时，并没有专门的体育馆或体育场，也没有多少专门的锻炼器械，主要是善于发现和善于利用自然条件，这锻炼身体的途径和方法是很值得学习的。

他在第一师范读书时，学校前面的湘江，江宽水深，是游泳的好场所。毛泽东经常邀集同学，到湘江中的桔子洲头附近一带游泳。由于他从小就喜爱游泳，所以技术好、胆量大、耐力也好。他不但能横渡湘江，还能从猴子石游到相距近 10 华里的牌楼口去。他长期坚持游泳，不仅增强了体质，也增强了对气候变化的适应能力，他能在别人穿棉衣的天气，在江中游泳。有一次，他和几个同学不顾北风呼啸，天气寒冷，毅然去江中游泳。毛泽东后来写下的词句："曾记否，到中流击水，浪遏飞舟。"就是当时毛泽东在湘江游泳的动人场面的真实写照。正是由于毛泽东早在青年时期就坚韧不拔，顽强锻炼，所以，即使到了 70 岁以上的高龄，还能"万里长江横渡"，"不管风吹浪打，胜似闲庭信步"，豪情不减当年。

毛泽东丰富的体育实践，不仅锻炼了身体，也为中国体育理论的发展作出了重大贡献。

1916 年暑假，毛泽东到板仓杨寓，拜望杨昌济老师，得知柳伍亭（柳直荀烈士之父）是个体育运动的热心人，便毅然步行 40 余里，登门求教。后来，又与历史教员黎棉熙先生通信，探讨体育的作用。1917 年，毛泽东发表了论文《体育之研究》，刊登在《新青年》第三卷第二号上。毛泽东在这篇论文里，从当时的国情出发，初步运用辩证唯物论的观点和方法，就体育的意义、作用，体育与教育的关系等，发表了自己的见解，并表明了写此文的目的是唤起民众，重视尚武的风气，改善国民体质。

他认为人体只能"以动养生"，"勤体育则强筋骨，强筋骨则体质可变，弱可转强，身心可以并完"，说明了"生命就在于运动"的道理。

在处理德、智、体三育方面的关系时，毛泽东主张"三育并重"，不可偏废。特别是对正在成长的青少年来说，尤其应克服忽视体育的现象。为强调体育在教育中的地位，他指出："体者，为知识之载而为道德之寓者也，其载知识也如车，其寓道德也如舍。"说得非常深刻透彻，为正确处理德、智、体三者的关系指明了方向。

42. 周恩来爱整洁

周总理在工作上全心全意为人民服务，在生活上，他非常简朴，而且非常爱整洁，讲究仪表美，就连外国人也评论说："他是最讲究仪表整洁的人。"可见，周总理爱整洁，早已在世人心目中留下了深刻的印象。

爱整洁是周总理一生的嗜好，无论是在艰苦的战争年代，还是在繁忙的建设时期，或是在出访的日子里，他都始终保持衣冠整洁。

党中央住在西柏坡时，周总理经常穿一双黑布鞋。鞋子虽然穿旧了，但总是洗得干干净净。鞋口磨破了，缝上再穿。这双鞋，至今还陈列在中国人民军事博物馆里。他的一双皮鞋鞋底磨穿了三次，还是缝起来再穿。一件白色蓝格的睡衣穿了十几年，从西柏坡一直带到紫禁城。

周总理经常穿一身灰色的中山装，内衬白色衬衣显得格外整洁。可谁能想到，一个国务院的总理，一件衬衣要穿许多年。领子和袖口磨破了，缝洗后继续穿，不知补了多少次。他身边的服务员看总理穿着这样多次缝补过的衣服，经常对总理说换件新衬衣，总理总是不同意，并说："坏的地方补补可以再穿嘛！"

一次，工作人员见周总理用的毛巾中间坏了几个洞，就悄悄地换了条新的，第二天，总理洗脸时，见旧毛巾没有了，就像孩子似的吵着："我的旧毛巾呢？不拿出来我就不擦脸。"没办法，工作人员只好将那条用过多年的旧毛巾拿了出来。总理对工作人员说："将中间坏洞的地方剪开挪到两头，缝好不是可以再用嘛？"工作人员知道很难说服总理，只好按总理的意图去做了。

周总理不仅是讲究卫生的典范，而且在仪表方面也是很讲究的，他对自己要求非常严格，衣着整洁、端庄，这一良好习惯早在他青年时代就已形成了。无论天气多么炎热，甚至盛夏季节在南方出访、视察，也很少敞着怀，中山装上的风纪扣总是扣得严严实实。每逢会见外宾，就换上唯一的一套新中山装。一枚"为人民服务"的纪念章总是工工整整地佩戴在胸前，一直到与世长辞。

周总理是人民的好总理，他事事不仅率先为人民做出了榜样，而且还很重视市容的卫生和人民的身心健康。在他任总理期间，多次强调指出：要消除空气污染，把北京建设成为清洁、文明、现代化的城市。他时刻把城市卫生和人民的健康问题挂在心上。有一次他有病住进医院，手术后刚刚苏醒过来，就让人打电话，询问云南煤矿工人的肺病情况。他深入工人中间，问家里有自来水没有、单位有澡堂没有、能不能经常洗澡等等。

43. 朱德重视体育的故事

朱德委员长为革命重视体育的故事，是中外闻名的。他打了三四十年的仗，没掉过一次队，没坐过一次担架，没生过一次病……

他的身体为什么这样好呢？这要从头说起。

朱德出生在四川省仪陇县马鞍场琳琅寨一个佃农家庭里。小时候，天气稍一暖和，他便光着脚丫四处跑，春秋放风筝，冬天就爬他家西边的"卧狗山"。除此之外，他还经常到村子附近的树下打秋千、玩翘翘板、到河旁拣鹅卵石、划小船、冲竹筏、钓鱼等。稍大点后，就下地干活。后来，他过继给伯父，开始上学。读书读累了，就到附近散步或到菜园子里帮人家干活，他总是闲不住，一有时间就做各种体育活动，或干一些力所能及的活儿，从小养成了爱劳动和爱好体育活动的好习惯，这对他的身体无疑起到了良好的锻炼作用。就这样，他从小就练就了一副好体格。但他真正认识到体育的重要性，是受了这样两件事的教育。

第一件事：有一次，他到仪陇县城南盐井去参观，那里的几千名盐工全都贫病交加。在贫困中承受繁重的体力劳动，已经使他们感到力不从心了，可他们现在许多人又都患了疟疾、黄疸病、肺病，全身泛黄，体质虚弱，骨瘦如柴。特别使他感到难受的，是他看到了一个幼年曾和他一起玩过的伙伴儿，如今在这儿已被肺病折磨得不成样子，他看到这种情景后，心里很不是个滋味。

第二件事：接二连三的死亡。他早期的老师、革命领导人和朋友

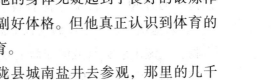

蔡锷，由于身体患上了疾病，仅仅 34 岁便离开了人世。几乎与此同时，另一个革命领导人黄兴，也是年轻轻地就身染肺病逝世了。接着，是他少年时代的学友吴绍伯、年轻的妻子和战友先后病故……

这些人，个个年轻有为，正当他们为革命作贡献的黄金年龄，就被病魔夺走了生命，朱德看到和想到这些，他在悲痛之中不得不考虑一个严肃的问题：帝国主义为什么老是欺侮我们？除了政治、经济等方面的原因外，另一个重要原因就是因为中国人民的体质不行，他想，要想革命，要想救国，光有决心还不行，还必须有一个好身体，身体是革命的本钱呀！

后来，朱德考取了高等师范学校。学校设有多种专业，允许学生自己选学。朱德一不选工，二不选文，偏偏选学了体育专修科。他认为，体育可以增进人民的体质，可以使民族强盛，以增强抵御外寇侵略的能力。

1907 年，朱德从成都高等师范学校体育科毕业后回到家乡，他和同学秦昆等人创办了新式学校，朱德亲自担任体育课教学。但当时的封建教育根本不搞体育教学，许多人认为搞体育活动是件不体面的事情，一些保守派攻击朱德上体育课是一门猥亵的课程，骂他们是"假洋鬼子"，说"体育课是叫孩子们脱光衣服，让他们出丑"。朱德认为，一个民族的强盛需要强健的体魄，讲习体育是件新事物，应该用事实回击保守派的攻击。于是他邀请学生家长观看体育课，向他们讲述上体育课的好处，让家长们了解上体育课的意义，得到家长们的支持和赞许。从此，朱德讲授体育的劲头就更足了，学生也由原来的 12 人增加到 70 多人。

朱德不但认真教体育课，还教学生们学武术、拳、棒等。学生们上了体育课以后，强了身体，学到了简单对打的本领，尝到了甜头，上体育课的热情也越来越高了，同学们都非常喜欢朱德上的体育课。

朱德不仅重视体育教学，广泛向人们宣传开展体育运动的好处，而且他本人也非常重视锻炼身体。他从体育可以强健体魄、免遭国破家亡和振兴国威的高度来认识体育。朱德到了云南讲武堂，每天至少进行两个小时的体育锻炼。在长征途中，他也不忘锻炼身体。在他的发起下，红军在甘孜炉霍休整时，还修建了简易运动场，举行过运动会。在延安时，朱德还担任了延安新体育学会的名誉会长，经常和延安军民、抗大师生们一起打球、爬山。有一天，朱老总来到球场和大家一起打球，他发现球场上有的队员十分拘束，便慈祥地对大家说："同志们，我们都是自己人，为什么要分成两个球队争相抢球呢？这好比我们演习一样，假设一边是红军，一边是白军，不争抢就赢不了。你们让我一个一个地把球装进去，那你们太吃亏了。打仗、工作时我是司令，打球时，裁判才是球场司令，我只是一个球员。我得球后，你们不争抢，也显不出我的本领，提高不了技术。你们说是不是呀？"大家回答："是！"于是，朱老总和大家满场跑开了。球赛结束后，朱老总还和大家一一握手，说："谢谢你们"。*1942 年 9 月 1 日*，他还倡导发起了在延安举行的第一次体育运动大会，并亲自担任会长，亲自致开幕词，亲自发奖，亲自写社论。

朱德委员长重视体育，坚持体育锻炼，直到 *80* 多岁仍身强力壮，精力充沛地为人民工作，终年 *90* 岁。

44. 刘少奇的强身之道

刘少奇在总结自己的养生之道时说："强壮身体最好的办法还是锻炼"。那么，刘少奇是怎样进行锻炼的呢？

刘少奇的体育活动项目很多，例如，游泳、登山、太极拳、散步等等。

刘少奇在 *1954* 年（*56* 岁）开始学习游泳。从东北的镜泊湖（在黑龙江省牡丹江上游宁安县境内）到海南岛的海滨，从北戴河到长江，在工作之余，只要有机会，他就抓紧时间去游泳。刘少奇喜欢自由泳和仰泳，也能蛙泳。一次能游半小时到一小时。有一次到北戴河，他看离开会还有一段时间，刚一落脚，就抓紧到海里游泳去了。当时水温很低，又是阴天，他不顾水凉，一气游了很长一段距离，上岸时嘴唇都发紫了。大家担心他会受凉。他说："不会的，在凉水里游泳，本身就是一种很好的锻炼，习惯了就不会着凉了。"

夏天在北戴河开会期间，他还经常动员并指导周围人员游泳。有一次，少奇同志动员身边护士小陈下海游泳，小陈望着碧波万顷的大海，为难地说："我不会呀！怎么办？"少奇同志说："不会可以学嘛！人的比重比海水轻，沉不了，你不要怕。"说着就教他两脚怎么蹬水，两手怎么划水，怎么憋气。在他的动员和鼓励下，小陈慢慢漂在水面上。少奇同志很高兴地说："这就很好嘛，大有进步！学游泳，第一要不怕，第二要学会呼吸，呼吸掌握了，就能在水上休息，就能游得远。"

在刘少奇游泳的记载中，最令人难忘的是他同毛泽东一起畅游十三陵水库的那一次。

那是 *1964* 年 *6* 月 *16* 日下午 *3* 点多钟，两辆黑色轿车，沿着大坝西面的半山公路，一前一后，直驶到水库的西南岸边，从车上走下两位身材魁梧的人来，正在水库游泳的北京体育学院的师生们一眼就认出，走下车来的是毛泽东和刘少奇，师生们忘却自己是置身水中，兴奋得手舞足蹈，大家争先恐后，像一群矫健的海燕，掠过水面，朝岸边游来，闪耀着阳光的水面上，溅起了一片欢乐的浪花。

毛泽东和刘少奇站在岸边，亲切地向大家招手致意。接着向水库中心游去，毛泽东和刘少奇一面向前游去，一面同身边的师生们亲切交谈，询问他们的学习和生活情况。刘少奇问身边青年："你们是体育学院的吗?"王光美同志向刘少奇同志介绍说："是的，他们有的是教师，有的是同学，都是游泳专家。"少奇同志笑着说："我今年第一次下水，第一次来十三陵水库，你们经常游泳吧?"同学们回答说："我们学校有个游泳馆"。少奇同志说："游泳馆是暖房，要到长江去，白洋淀去。"青年们齐声回答："我们一定到大风大浪里去锻炼!"

说着，游着，不觉来到水库中心的小岛。少奇同志、罗瑞卿同志、杨勇同志等，一起登上了小岛。过了一会，少奇同志走下小岛的平台，一只游艇靠了过来，打算接他回岸，少奇同志摆手不要。

从小岛向回游时，骤然起了风浪，毛泽东和刘少奇同志却从容不迫，泰然自若，顶着风浪，仰泳前进，在顶风逆浪中依然和身边的青年们谈笑风生。

刘少奇回到岸上已经5点多钟了，山风吹来，浪花欢跳。他依然神采奕奕，毫无倦意。

刘少奇同志除了酷爱游泳外，还喜欢登山，一有机会就去登山，60岁后，登山也不要别人搀扶。兴安岭、玉泉山、庐山等很多山路上，都留下了他的足迹。

刘少奇在近60岁时还认真地学习简易的太极拳。开始学习时，他认真地体会每一个动作的要领，用心地琢磨，每晚都要练习一会儿。他打得很自如，通过实践，他体会到太极拳对增强体质有显著效果，对年老体弱者更为适合，建议老年人多打太极拳。

散步也是刘少奇同志锻炼身体的主要项目，每天睡前半小时的散步，已成为他几十年的习惯。先是慢速，后是快走，最后再慢下来。

刘少奇在中南海办公的时候，不管工作多忙多累，即使到了深夜，也要出去散步。如果遇上下雨、下雪、刮大风时，他就在廊檐下或室内坚持散步。有时出差到外地去，在火车停站或轮船靠码头时，他也要抓紧时间下去走一走。为了保证刘少奇同志的健康，大夫曾建议他吃一些补品，他风趣地说："对我来说，散步就是补药，我看强壮身体最好的办法还是锻炼。"

45. 全方位的体育爱好者邓小平

体育，这个人类社会文明的产物，自有其独特的魅力，它不仅风靡了我们这个星球上的数十亿民众，而且在各个不同社会形态的领导层中也不乏"钟情者"。里根嗜好骑马驰骋，卡特喜欢越野长跑，霍克长于网前挥拍……在中国领导人中，邓小平同志对体育的爱好则是全方位的，足球、棋类、登山、桥牌、游泳……无所不爱。

踢足球

足球运动被越来越多的人所喜爱，每场足球比赛都牵动着亿万人的心，有谁知道，一颗伟大的心脏也为它所激荡。踢足球、观看足球，是邓小平的第一爱好。

早在少年时期，足球场上就已经闪动着邓小平同志的身影，后来，为了探求革命真理，他到法国勤工俭学。那里，引人沉醉的美好事物不胜枚举，埃菲尔铁塔的雄姿，巴黎圣母院的倩影，凡尔赛宫的辉煌……但是，在繁重的劳动和艰苦的学习之余，最吸引他的还是体育运动中的足球。有一次，为了看一场奥运会足球赛，他苦于没钱，把一件外衣脱下来送进当铺，取出钱来买票看球。

50 年代，邓小平是足球场上的常客，以后，他仍是足球赛电视转播的忠实观众。有一年，正逢一场精彩的足球赛，不巧，他因腿骨骨折住进医院。在床上吊着腿，他看完了整场比赛的电视实况转播，这种对足球的迷恋，一直延续至今。就是这样，中国足球运动从没有离开过他的视线。

为了振兴中国足球，邓小平同志办到了一切可能办到的事情，他更大声疾呼，足球运动应"从娃娃抓起"。在他的号召下，少年足球事业呈现兴旺发达的景象，千万个小选手已活跃在绿茵场上，中国足球事业已显现出了迷人的曙光。

下棋

说起邓小平下棋的事，还要从这样一段传说说起，淮海战役硝烟散尽，黄维、吴绍周、王元直等国民党高级将领被俘，正当他们惶惶不可终日的时候，邓小平、刘伯承、陈毅和张际春等同志去看望他们。他们进屋时，吴绍周正在和人下棋，为了使他们不感到过分拘谨，陈毅同志提出要和他们对弈。于是，在战场上已经决出胜负的将军们，又在棋盘上"厮杀起来"。

黄维靠吴绍周的帮助，寸步不让，陈毅有邓小平作"高参"，寸土必争。你来我往，下不一会儿，邓小平同志点了一个高招，黄维笑着，推棋认输："在下不光在战场上是你们的手下败将，棋盘上也不是你们的对手，甘拜下风。"

如果说"邓政委一招服黄维"已是旧话，那么，邓小平对围棋运动的关心，则是记忆犹新的事情了。

为了使围棋事业不被"四人帮"摧残，为了使国手陈祖德不被挨整，邓小平同志尤如一座阻断逆流的中流砥柱，倾注了一位老革命家对运动员亲切关怀的真情实感。

散步与登山

1959 年后，邓小平因为腿部曾经骨折过，医生劝他每天散步，他听从了医生的劝告，开始每天散步以恢复脚力，安步当车，脚下生风。从此，邓小平逐渐养成了散步的习惯，而且很快就不以此为满足，他常去登景山、攀北海的琼岛、登香山。就这样，他又逐渐养成了登山的习惯。

1979 年 7 月 12 日，邓小平又向海拔 1800 米的黄山进发。60 里山路，行行复行行，邓小平同志竟把随行的年轻人甩在后面，尤其有趣的是，他这样一位年迈的老者还不时回过头去一再嘱咐这些年轻人要当心。就这样，他们走过了慈关阁、半山寺、日屏峰，最后踏上百步云梯，直上光明顶。3 天过去了，邓小平同志凭着强健的体魄，踏遍了山路崎岖的黄山，既饱览了山川风景，又考验了自己的体力。

打桥牌

打桥牌是一项高度紧张的智力运动，而邓小平却把它作为一种休息的有效手段，他曾说过："唯独在打桥牌时，我才什么都不想，专注在牌上，头脑能充分地休息。"

打桥牌是邓小平同志 50 年代在四川学会的，后来就一直是他的一大业余爱好。晚年，他的桥牌技艺更炉火纯青。

战争年代，邓小平同志统帅精兵决胜疆场的杰出业绩，只有老将军们有幸亲睹。可是，邓小平同志桥牌桌前显露的运筹帷幄的非凡风度都为大家所熟知。他习惯用精确的叫牌法，打牌时思路敏捷，出牌果断，攻守自如，出奇制胜。他凭借几十年打桥牌的深厚功底，常常以神机妙算来掌握桥牌桌上的主动权，迫使对手败下阵来。尤其是由于他的大力提倡，桥牌已经风靡了神州大地，无怪乎邓小平同志被国际桥牌报协提名为 1981 年桥牌名人。

游泳

邓小平同志非常喜爱游泳，尤其喜爱到大海中游泳，水阔天舒，波涛起伏，方显出击水者的云水襟怀和刚毅本色。最令人难以忘怀的是 1983 年夏天，年近 80 高龄的邓小平同志兴致勃勃地来到大连棒槌岛，他是在到东北和华北一些地区之后来到黄海之滨的，他在长途跋涉之后仍然保持着浓烈的游兴。

棒槌岛的 7 天，除了一天因海上漂浮油污而没有下海外，小平同志每天上午都投入大海，与风浪为伍，极目楚天，心旷神怡。

和往常一样，邓小平每天早晨起先是散步，到9时许，小平开始下海游泳，一下海，他便从容地向海中游去。他头部露出水面，侧游着。有时，一个浪花接着一个浪花，借助风势，向他扑来。在他身旁看护的游泳好手们劝小平同志上岸，小平同志没听从这好意的劝告，继续搏浪前进。

已经入海游泳90多分钟了。大海拂弄着他的身躯，海浪吹打着他的肌肤。他没有疲倦。人们很难相信，他已近80岁了。

棒槌岛的黄海击浪结束了，小平同志回到北京，继续思考着中国的大政方针。他的体力、精力、脑力，在出外休假、遨游大海之后，更加充沛了。

心系神州体坛

邓小平同志虽然没有担任过体育部门的领导职务，但他始终关心、支持我国体育事业的发展。早在建国初期，他就在发现体育人才上花费了大量心血，做了许多开创性的工作。以后，他还经常鼓励和关怀体育工作者。运动员们记得，是邓小平同志常常在百忙之中抽空观看他们的比赛，鼓励他们为发展体育事业作出更大的贡献。全国人民记得，是邓小平同志在我国恢复了在国际奥委会中的合法权利之后，和我国体育界人士欢聚一堂，鼓励运动员努力创造优异的成绩。

我们都应记住，中国体育运动能走向世界体育强国，这里面也有无产阶级革命家、也是超级体育迷邓小平的心血。

46. 恽代英的体育生活

恽代英（1895—1931 年），江苏武进县人。中国共产党政治活

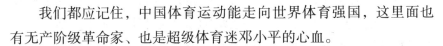

动家、教育家，中国早期著名青年运动领导人之一。

恽代英 1918 年毕业于武昌中华大学。"五四"运动后，创办利群书社和共存社等进步团体，传播马克思主义学说。曾任中华大学附属中学主任、安徽宣城第四师范学校教导主任、四川川南师范学校校长和成都高等师范学校教员。1921 年加入中国共产党。1923 年任中国社会主义青年团中央执行委员、宣传部长，主编《中国青年》，并兼任上海大学教授。1926 年任黄埔军官学校政治总教官，并在广州农民运动讲习所任教。1927 年春主持武汉军事政治学校。在中国共产党第五、第六次全国代表大会上均当选为中央委员。1928 年 7 月，任中共中央宣传部秘书长。1930 年在上海任沪东行动委员会书记，5 月 6 日在上海被国民党政府逮捕，1931 年 4 月 29 日在南京狱中遭杀害。

恽代英是一位铁骨铮铮的无产阶级革命家，同时也是一位非常重视学校体育的教育家，并且他自身的体育生活也丰富多彩。

恽代英在他的许多教育论文中都阐明了学校体育之重要。他认为，"学校之不可不重体育"。因为"活动为教育上最要之条件，而身体之活动尤要。"他经常说："吾意普通中学之教育者，每以国文、英文、算术为主科，而手工图画、体操为随意科目，实为违背教育原理。""学校应以博物、理化、手工、音乐、体操、图画为主科，因此可以促起学生之活动。"所以他呼吁人们，要切实重视学校体育，将它放在应有的位置上，使所有的学生都能参加体育活动，不断提高学生的体质，以有更充沛的精力完成学业。

恽代英早在中华大学读书时就是一个体育积极分子，他爱好体育绝不是仅凭兴趣，而是建立在对体育活动深刻理解的基础上，每项体育活动可以达到什么样的健身或养生目的，他都有较深刻的理性认识。恽代英喜爱的体育项目很多，如乒乓球、网球、足球、体操、八段锦、拳术、冷水浴等。而且有自己的一套理论和方法。例如在养生方面，他对衣、食、住的理论是"皆从卫生方面着眼"。具体从衣服上讲，他认为"宜取轻、薄、短、紧为标准。"从食物上讲，"取有味而略偏素"。从居住上讲，"宜有大庭院及透空气日光房间，须有闲步、呼吸、运动及种花之地。"他对居室条件特别有研究，认为"居室必避西晒之日光及冬季之风雪，故不可朝西朝北。"那么，住房应选择什么样的呢？他说："理想之居室，以浅而宽能于清晨受日光为佳。盖如此，室中光明，一如庭院便于做事，利一。日光晒入室中，无形中消灭微生物不少，利二。自养还有早起之习，利三。可行日光浴法，利四。床上受日光，被褥易免菌害，利五。"恽代英所说的"理想之居室"虽然在当时乃至目前还不能完全达到，但是作为一个革命家、教育家能对居室有如此全面的认识，说明他是从多角度、多侧面研究了养生之道。

在养生方面，恽代英还有一套具体的方法，如"早起饮开水二杯，为拳一次。""睡前行五分钟体操。体操务求不间断，凡作工五十分者，休息十分钟。"为了增强身体对外部条件和疾病的抵抗能力，恽代英主张应当经常进行冷水浴。他说："冷水浴为健身也"。除此之外，还要多到户外去活动，不能将活动限于庭院之内。恽代英喜欢登山、远足、旅游等。

在体育实践当中，恽代英对自己要求很严格。有时因工作太忙，没能按照作息时间或计划进行体育活动，他总是及时进行反省，在每天当中，他不进行某些体育锻炼活动，内心里就好像一天的工作没有做完似的。恽代英的工作很忙，白天在外忙忙碌碌，很少有锻炼的时间，所以很多锻炼项目需要在家里进行，利用早晚空闲时挤时间锻炼，这样就迫使他在家庭中设置些体育锻炼的设备。1917 年，他曾用 640 文钱钉制一付乒乓球台，其妻沈葆秀又剪一块珍珠纱，制成乒乓球网。他从此几乎每天都要利用一定的时间和兄弟或朋友们一起在家打乒乓球。

此外，恽代英还想继续"准备一些细微运动器具"，以为家庭之建设。至于将来经济条件好了，他更是作了如下打算，"居家必须数丈草地"。他设想，"家中能有草场最有益"，"一便散步，二便呼吸，三便休息，四便运动。"他常说："吾每拟将来家中设网球场"，因为"网球一事颇为活动，然无危险。每日练习一小时，必有大益。"如果"又有便当得弹簧、铁哑铃练习之则更好。"可见他是很重视家庭体育建设的。他认为，家庭建设应予改良，增加体育生活的内容。

恽代英的体育锻炼是比较全面的，对体育锻炼的认识是深刻的，实践是丰富的，理论也是比较系统的。从野外到庭院甚至室内，从学校到校外，从小球（乒乓球）到大球（足球），以及衣、食、住、行，方方面面都涉及到了，而且有理论，有实践，令后人佩服不已。

47. 贺龙练木马

贺龙锻炼身体的故事很多，这里只讲贺龙练木马的一个精彩片断。

贺龙在延安时，除了日理繁忙的军政要事之外，还经常坚持体育锻炼。

1943 年冬，延安联防军根据毛主席、周副主席的指示，留守部队要进行一次冬季练兵。为了掀起冬季练兵的高潮，提高领导干部的军事素质，联防军举办了一次军事集训学习班。留守兵团全体团一级的军事干部都参加了集训班学习。在集训的日子里，联防军司令员贺龙工作尽管很忙，但他每天都要到团干部们住宿的窑洞一带转转。窑洞不远的地方，有一个小操场，操场上新安了副木马。这是贺龙司令员在办集训队之前，专门叫联防军司令部参谋处安的。

贺龙每天清晨，总要到木马那里，进行一阵子跳跃木马练习，每次他都是跳得大汗淋淋。从他练跳木马那种认真、刻苦的劲头看，不知道他就是贺龙的人，还真看不出他有一点司令员的架子。

起初，人们并没有注意这件事，虽然人们都知道贺龙司令员常常起早锻炼身体，还都以为他只不过早晨出去走一走，简单活动一下身体而已，谁也不知道司令员一直在坚持做跳木马这项锻炼。

有一天清晨，天还不太亮，770团团长张才千、副团长卜万科等几个人起床后准备出去练习投手榴弹。刚走到小操场旁，听到有人在操场里边说话。因为当时天刚蒙蒙亮，还辨不清人的模样。后来，那个正在练跳木马的人，在翻木马时，被绊了一下，"扑"地一声跌倒在地上。旁边保护的人惊慌地呼叫道："司令员，怎么样？伤着没有？"张团长他们一听叫"司令员"，这才知道跳木马这个人就是贺龙同志。他们忙丢下手榴弹，奔向木马处。这时，贺龙一撑双手，忽地从地上站起来，他一边拍着身上的土，一边仰脸大笑，并说："你们几个谁翻得好哇？来，教教我吧！来呀！不要嫌我笨呀！"张团长他们几个老实地回答说："都翻得不好！"贺龙笑着说："既然都翻得不好，那也不必害怕。来，我们一起训练吧！大家一起学，总比一个人闷着练强嘛。好不好？"张团长他们见司令员这样诚恳地要和他们一起练跳木马，他们也就不好再推辞了，于是，张团长他们高兴地满口答应，和贺龙司令员一起练起木马来。

练习开始了，先由张团长他们几个人轮流着跳了几次。虽然动作不大熟练，但人人都能跳，而且跳得很认真。贺龙站在旁边，认真观看他们跳木马的动作，跳了几轮之后，贺司令员乐呵呵地一把抓住卜万科副团长的肩头说："哟，770团来的人还真不赖，张团长跳得比我强。你是卜副团长吧！哎呀，你个头小，蛮灵活的呀！真是人不可貌相，海水不可斗量罗！我贺胡子个头不赖，可这跳木马的技术就不好，你就当我的老师，教教哟！"一席话，给在场的几位

169

同志说得不大好意思，他们尽管都会跳木马，但还达不到给司令员当老师的程度。

　　其实，贺龙是会跳木马的，而且还跳得不错，尽管刚才摔了一下，有谁能保证专业队员就不出现失误呢？贺龙刚才摔的那一下，事出有因，由于这里的木马，是联防军司令部新安的，一来场地选择不适当，二来木马安得不太标准，贺龙对这些变化了的条件一时还没有适应，难免要出现一点问题。

　　可贵的是，贺龙在跳木马中跌了一下之后，并没有埋怨这，埋怨那，而是从自己主观上多找原因，肯放下架子向自己的下级请教。贺龙如此严格要求自己、刻苦锻炼、虚心好学的精神，把在场的人都感动了。这天早晨，他们同贺龙司令员练了一个多小时的跳木马，直到一轮红日从东方冉冉升起时，贺龙他们几个人才结束了晨练，迎着初升的太阳，在一边走一边交流跳木马的经验和体会的欢快声中归来。

48. 彭德怀的篮球表演

　　彭德怀（1898—1974 年），原名彭德华，湖南湘潭人。中国无产阶级革命家、军事家，党、国家和军队的杰出领导人。

　　彭德怀出身贫寒，当过放牛娃，做过苦工，广泛地接触了工人、农民，对工农的痛苦生活有深切的体验和同情，使他十分痛恨当时的社会，决心为工农大众寻找出路。1915 年，因带领农民抢了一家地主的存米而逃离家乡，投入湘军，开始了他终身的戎马生涯。

　　彭德怀一生身经百战，是一位杰出的军事家，具有卓越的指挥才能，他率军打仗，屡建战功。中华人民共和国成立后，美帝国主义把侵略朝鲜的战火烧到鸭绿江边，直接威胁着我国安全。值此严重时刻，彭德怀坚决执行党中央的决策，肩负中国人民的重托，担任中国人民志愿军司令员兼政治委员，率领志愿军抗美援朝，保家卫国，同朝鲜人民并肩作战，以劣势装备打败了最现代化的敌人，光荣地履行了无产阶级国际主义义务，保卫了我国的和平和社会主义建设事业。回国后，他致力于国防建设和经济建设事业。在任国防部长期间，不辞劳苦，成绩卓著，为人民解放军的革命化和现代化建设作出了贡献。1955 年，被授予中华人民共和国元帅军衔。

彭德怀既是一位杰出的军事家，又是一位体育爱好者。他平时注意利用一切可以利用的条件和机会锻炼身体，练就了一副强健的体魄，为他以旺盛的精力投入繁重的国防建设事业奠定了基础。

人们传诵彭德怀锻炼身体的佳话很多，在这里只向大家讲一段他练习打篮球的故事。

在太行山，有一天，部队休息时，只听一个战士高声吆喝道："快来看呀，彭总要表演打篮球了!"人们从四面八方的驻地跑来看，只见彭老总脱了外衣，系紧鞋带，光着脑袋上场了，他同场上的其他队员一样，打得很认真，积极跑动。突然，同队一名队员传给他一个球，他伸出两手去接球，球脱手了，一下子打在他的鼻子上，惹得场上队员和场外观众哈哈大笑，他自己耷耷鼻子也乐了。从这次比赛中大家才清楚，原来他并不怎么会打篮球，他是一边打一边学。由于刚学打篮球，有些规则不熟练，动作不协调，常常引人发笑。所以，有些战士一听说他要打篮球了，就调皮地说这是"篮球表演"。

是的，那时候，彭德怀篮球打得水平是不高，但他有一股子锻炼热情，他抱着以锻炼为目的，不论什么样的强手他都不畏惧，只要有机会上场他就上场，他相信，只要自己经过努力锻炼，一定能学会打篮球，而且能打好。

彭德怀过去并没有打篮球的基础，他出身贫苦，根本没有机会学习什么正规的锻炼项目，但他不迷信，不怕难，不怕别人笑话，在艰苦的战争环境中，抽空学习了武术、篮球、网球等多种体育项目，而且越来越熟练，身体也越来越好，五六十岁时，还和青年人一起爬山，很多青年人都爬不过他。经过刻苦锻炼，到后来，他打篮球的技术已相当不错了。人们再看他打球，常常敬佩地说："彭老总这回是真正的表演啦！"

彭老总爱好体育活动，重视锻炼身体，使他的身体一直很健康。美国朋友埃德加·斯诺，在他的著作《西行漫记》中，曾以惊叹的口吻这样描写彭德怀："……两万五千里的长征，大部分他是步行过来的，常常把他的马让给走累了的或受了伤的同志骑。……他的身体极为健康。"彭德怀在两万五千里长征途中，常常把马让给其他同志骑，这一方面体现了他对同志的关心和照顾，把困难留给自己的高尚品德，另一方面也说明，彭老总在任何艰难困苦的条件下，都不放过锻炼身体的机会，这一点是很值得我们学习的。

49. 陈毅戒烟

陈毅是一位性格豪爽、气度非凡、毅力坚强的军事家。他一生中所做所为给人们留下了深刻的印象和美好的回忆。

熟悉陈毅的人都知道，他一度吸烟吸得很厉害，特别是在运筹帷幄和聚精会神地处理一些重大事务的时候，常常是一支接一支地吸。在他任上海市长期间，有一次，乘车两个小时，就吸了近10支烟，司机常志刚笑着问道："陈老总，您的烟瘾怎么这么大？您说说，吸烟究竟有什么好处？"

陈老总摇摇头，叹道："吸烟对人体一点好处也没有，有时我见着烟卷在燃烧，感到自己也在毁灭哩！"

"那您为啥要吸这么多烟呢？"

陈毅坦率地说："惰性！惰性！我戒过几回，也没戒掉，哪天闲了，就不再吸了。"

1954 年，陈毅到了北京，任国务院副总理兼外交部长，工作更忙了，接人待客更多了，烟免不了还得吸，而且并不比以前吸得少。可是，有一次，他患了支气管炎，当医生郑重地提出要他不吸烟时，他便立即表示要坚决戒烟。

司机常志刚听说陈毅要戒烟，脸上露出怀疑的神情笑了，不用说，他是不相信陈毅能戒烟，因为他很了解，陈毅的烟瘾很大，想戒掉烟不那么容易，可陈毅见常志刚笑了，他也笑了，而且笑得很坦然、自信，意思是说，我这次非把烟戒掉不可。他对司机说："老常，这回可不是说着玩的，你就监督我吧！我陈毅只要下了决心，就能说到做到。"接着又意味深长地说："我小时候的学名叫世俊，长大了大号叫仲弘。后来我想，万事成功都得有毅力，于是，我就取了陈毅这个名字。这回戒烟，我就拿出点毅力给你们看看。"说罢，当场把烟盒交给了常志刚，并叫他也戒烟，常志刚表示，陈老总如果真的能戒烟，我也一定能戒烟。

陈毅真是说到做到，自那以后，烟卷送到他的面前，他也一笑拒之。天长日久，常志刚见陈毅真的戒了烟，也就下定决心，把烟戒了。但陈毅送给他的烟盒，他却怎么也舍不得丢掉，因为，它体现了一种崇高的自勉精神，表明了一个军事家那种说到做到的气度。

从医学和卫生学的角度讲，吸烟对人体有百害而无一利，关于这一点，大概所有的吸烟者都比较清楚，但由于习惯已养成，想一下子改掉，说起来容易，做起来比较难。说它难，并不是说无法去实现，只要人们充分了解吸烟的害处，下决心，有毅力去戒烟，是完全可以戒烟的。在这方面，陈毅为世人树立了榜样。

50. 向警予的体育实践

向警予（1895—1928 年），湖南溆浦人。中国无产阶级革命家。中国共产党早期著名的妇女运动领导人之一。1918 年参加毛泽东组织和领导的新民学会，1919 年赴法国勤工俭学，至 1922 年回国，同年加入中国共产党。在中国共产党第二次至第四次全国代表大会上均当选为中央委员，并任中央妇女部部长。曾领导上海丝厂女工罢工和烟厂工人罢工。1925 年去莫斯科东方大学学习，1927 年 4 月回国，先后在武汉总工会、中国共产党汉口市委宣传部和湖北省委工作，编辑《长江》刊物。1928 年春在汉口法租界被捕，在狱中，与敌人进行了顽强的斗争，5 月 1 日英勇就义，年仅 33 岁。

向警予生活在近、现代交际时期，此时正是战乱年代。她耳闻目睹无辜群众被捕，被大炮轰死的惨景，使她从小萌发了强烈的爱国热情。为了拯救祖国和民族，她从小就立志做花木兰式的女英雄，从军征战，打击侵略者，保卫祖国安全。她小时候常带领小朋友们在溆水河边朗读《木兰辞》，也常到草坪观看民团操练，并带领着小朋友们模仿大人的动作，一遍又一遍地操练。她非常喜爱体操和"翻杠子"，一练就是几个小时，跌伤了不叫痛，练累了不叫苦。经过长时间的勤学苦练，在全县学生运动会上，她成为"最耸人听闻的'文武双全'的第一名"。

向警予在她 20 岁那年，出于对革命教育家朱剑凡的敬仰，就读于当时体育成绩卓著的周南女子学校。在校读书期间，她目睹国内军阀混战，兵祸连年，国际列强对我国鲸吞蚕食，民族危机迫在眉睫，于是她以满腔的忧愤和立志救国的赤诚，勤奋学习，刻苦读书，坚持锻炼身体。她曾勉励同学们，要振兴中华，报仇雪耻，使中华民族立于世界民族之林，就必须效法越王勾践胸怀救国大志，卧薪尝胆，发奋锻炼身体，具有强健的体魄和意志，才能与强大的敌人抗争。

向警予在家乡办学期间，不但深切地关心着广大师生的身心健康，而且把故乡人民的健康和精神风貌也时刻放在心上。每逢星期六，她就带领同学们打扫一次街道，在群众中产生很好的影响，有力地起到移风易俗的作用。但这在本世纪初，封建旧思想、旧势力根深蒂固的山城，却遭到某些旧势力代表人物的非议，而她却毫不为然，理直气壮地倡导体育，倡导卫生，倡导精神文明，破旧立新，创建社会新风气。

在革命实践中，向警予逐渐确立了马克思主义世界观，她越来越深刻地认识到：身体是革命的本钱，要为革命做更多的工作，必须有一个健康的体魄，只有良好的革命愿望，没有良好的身体条件，良好的革命愿望往往也会落空。向警予在给陶毅的信中说：为了共产主义，"我们寿命长点，贡献自然要多点"。在给七哥的信中说："……吾辈为求真心得，做真事业，尤其要树好身体基础"。她在法国留学期间，自己由于勤工俭学，劳累过度，生活上又很艰苦，健康状况受到损害，这时她越发感觉到身体的重要，因而她在紧张的学习、工作当中，适当调节作息时间，坚持劳逸结合，同时她还注意加强体育活动，经常与同她一起在法国留学的蔡和森一道到郊外林中散步，经过锻炼，她的身体逐渐强健起来，使她能够继续保持旺盛的精力投身于学习和工作之中。

向警予去法国勤工俭学三年，使她的思想发生了很大变化，开阔了眼界和思路，看到革命形势的发展变化，进一步增强了积极投身革命的紧迫感。她在给毛泽东的信上说："今后要驾着飞艇，猛力追赶飞速发展的革命形势。"革命的责任感，使她更加紧了学习，加紧了锻炼身体，这为她以后成为我国妇女运动的杰出活动家奠定了重要基础。

向警予重视体育是一贯的，她在任溆浦女校校长时，曾亲自谱写了一首《运动歌》，"运动，运动，运动乐，不怕天寒和地冻，各把精神来振作，肌肉强，血脉活，运动，运动，运动乐!"这首朴实有力、催人奋进的歌曲受到师生的热烈欢迎，很快流传开来，高亢雄壮的歌声，从溆浦女校冲天而起。

向警予教育学生首先要明确锻炼身体的重要意义。她说："健全的精神，寓于健全的身体。"只有"心身并完"的人才能为社会谋福利。为此，她要求学生不仅思想好，勇于反抗帝国主义和封建势力，学习好，懂得新知识新科学，而且应当积极参加体育活动，做到身体好。

在体育活动中，向警予注意从两个方面培养学生，一是注意增强学生的身体素质；二是培养学生的吃苦耐劳精神。

为了培养学生增强体质，她不搞花架子，亲自带领学生在学校操场练操、爬杆、荡秋千。当时有个女学生十分文静，大家称她为"千金小姐"。有一次，她做体操扭伤了脚，就不敢锻炼了，向警予一面为她治伤，一面鼓励她："小妹妹，不要怕，锻炼一下就好了。"这个学生深受感动，坚持参加各项体育活动，变成了天不怕、地不怕的"泼丫头"。

为了培养学生的吃苦耐劳精神和英勇顽强的斗志，她指导学生多搞一些增强耐力的中、长跑，多练培养机智、勇敢精神的对打拳术。在她的精心指导下，全校学生的身体素质和吃苦耐劳精神都有很大的提高。

51. 王若飞狱中做操

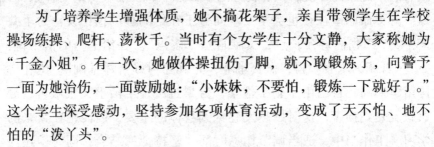

王若飞（1896—1946年），贵州安顺人，中国无产阶级革命家，

1921 年在法国勤工俭学时发起组织社会主义青年团，*1922* 年加入中国共产党，*1923* 年赴苏联学习，*1925* 年回国，任中共豫陕区党委书记、中共中央秘书长等职，*1927* 年任江苏省委常务委员，*1928* 年任中共驻共产国际代表，*1931* 年回国，在绥远（在今呼和浩特市）被国民党政府逮捕，在绥远、太原狱中坚持革命斗争，*1937* 年夏出狱后，历任中共陕甘宁边区党委宣传部部长、八路军副参谋长、中央华北华中工作委员会秘书长、中共中央秘书长和中央党务研究室主任等职，*1945* 年中国共产党第七次全国代表大会上当选为中央委员，*1946* 年 *2* 月到重庆参加同国民党的谈判，*4* 月 *8* 日由重庆返延安途中，因飞机失事遇难。

王若飞 *1931* 年被逮捕入狱，至 *1937* 年才被接救出狱，他在牢狱中呆了整 6 年时间，而且受尽了折磨，并且在狱中他同敌人进行了不屈不挠的斗争，最后他还是活着出来了。王若飞靠的是什么战胜了敌人呢？一是靠他手中的真理和无所畏惧的革命精神，二是靠他在狱中以惊人的毅力和坚强的意志锻炼身体。在狱中的生活是可想而知的，如果不是他自己坚持锻炼身体，恐怕难以在监狱中度过 6 年的监狱斗争生活。

王若飞所入的那间牢房阴暗潮湿，空气中弥漫着一股霉味儿。一天，王若飞碰碰身边一个老年难友，说："喂，别老躺着，咱们起来活动活动吧。"

那位难友默默地摇了摇头，拒绝了。

王若飞站起来，活动了一下身子，"一、二、三、四……"又开始做起他自编的体操了。他每个动作都做得那样认真。

与王若飞同牢房的难友好奇地望着王若飞，他觉得王若飞是个怪人：一个共产党的大头头关在国民党的监狱里，哪有出牢的日子呢？可是，他却天天坚持体育锻炼，伸腿、弯腰、曲臂、跑步、跳跃，每次非要练到浑身大汗才肯罢休。难友叹息着说："这该死的牢狱，呆一天比一年还长，我真想早点死算了，你锻炼身体干啥？难道想活长一点，多坐几年牢？"

王若飞见难友问得有趣，呵呵笑了，说："我们共产党人多活一天，国民党就害怕一天。我所以要锻炼身体，就是要增加革命的本钱，更好地为人民的事业贡献力量呀！"

同牢房难友听罢王若飞一席话，思想豁然开朗，觉得王若飞说得很有道理，并深受王若飞的行为所感动，也开始了锻炼活动。由于王若飞在狱中坚持做操，终于征服了恶劣的环境，战胜了死亡的威胁，保持了一定的健康水平，在监狱里，他始终以比较旺盛的精力和较好的身体素质与敌人斗争。1937 年夏，当党组织把他从狱中救出来后，他便很快以充沛的精力投身于人民解放斗争中去了，在党内任多种重要职务，为中国共产党的建设做出了重要贡献。

52. 刘和珍习武的故事

刘和珍烈士是中国青年中著名的革命者。1926 年 3 月 18 日，她领导北京女师大学生参加爱国运动，被段祺瑞军阀政府无辜枪杀，遇难时年仅 22 岁。鲁迅先生曾以极其愤怒和悲痛的心情写下了《纪念刘和珍君》的专文。

刘和珍烈士的英名早已传遍全国，她的爱国主义精神，一直是青年人的楷模。然而，刘和珍烈士为救国强身而习武的事，却很少有人知道。

1918 年至 1919 年间，江西优级师范学堂体操专修科毕业生、南昌人胡蕉琴、南城人鄢亏鹏和胡昆放效法上海、北京，在南昌发起并组织了江西精武体育会。当时，由于江西精武会是在北洋军阀政府把武术定为全国各界必学的"中国式体操"的鼓噪声中成立的，所以初期一直受到冷遇。参加的人员仅有二三十人，真可谓生意萧条，门庭冷落。

1922 年，刘和珍正在南昌女师求学。由于她较早地接受了马列主义的影响，积极领导同学参加爱国运动，所以在学校有很高的威信，被推选为校学生会主席。翌年即加入了中国社会主义青年团，成为在江西的最早的 7 名团员之一。

一天，刘和珍和女师体育教师熊恬上街散步，偶然路过精武会门前，听到里面传来一阵阵嗨嗨哈哈的呼喊声和铿铿锵锵的刀剑相互撞击声，她俩好奇地走了过去，一看，原来是一群人正在舞刀弄剑，挥拳练武。旁边站着一位年近 60 岁的老者和两个中年汉子。刘和珍看着看着，她突然萌发了一个大胆的想法：男儿要习武，女子为何不能？几千年来，女子地位所以低下，除了封建的制度和习惯势力外，与女子本身不能自强自立也不无关系。女子要提高地位，首先要自强。她越想越觉得女子也应练武，自古以来女子武功比男子好的也不少见，于是她大胆上前询问，经过询问才知道，那位老者乃精武会名誉会长，赫赫有名的欧阳武。那两位中年汉子名叫王及泰和胡宗汉，都是精武会的教练。

当刘和珍向他们三人说明来意后，这三人不禁惊讶地看着这个面目清秀、端庄娴静而又透着几分英气的女青年。欧阳武一边指着正在练武的那些人问道："你能有此吃苦之精神？"刘和珍随即一拂齐耳短发，慷慨说道："苦算什么？我中华民族所以能经数千年而延续至今，不就是靠的不怕苦不畏死之精神么？眼下，我神州古国正屡遭外侮、积弱不振，凡炎黄子孙、热血国人均应有抗击列强、振兴国家之义务。"刘和珍这一番话说得欧阳武频频击掌叫好，当即答应了她俩的要求。刘和珍和熊恬的请求得到了欧阳武的同意，心里别提多高兴了。

第二天，刘和珍和熊恬率领了20余名女学生来到了精武会，使精武会增添了不少生气。

平日，刘和珍是一个文静贤淑、常常微笑着、态度很温和的姑娘。然而，每当她在精武会训练时，却有一股男子的气魄和吃苦的劲头。不论是蹲桩、压腿、踹踢，还是下腰、劈叉、腾跃，她都学得十分认真，练得格外刻苦。就是腰酸腿痛，也从不哼一声。不到一年，她就掌握了少林拳、女子长拳、剑术、刀术、枪术、棍术以及江西学门类的袖珍十八法、南拳类的鹤拳等10多个武术套路，很得教练的赞赏和学员的钦佩，都说她将来定是巾帼英才。

刘和珍习武期间，时刻不忘国家的内忧外患。她常常和习武中的有识之士相聚，在他们中间宣讲救国救民的道理。在她的影响下，有不少人后来积极参加了各种爱国运动。

1924年5月24日，北洋军阀政府在湖北武昌举行了所谓的第三届全国运动会。江西精武会应邀派出了代表队参加。当时，刘和珍被指定为代表队员，但因正值患病未去参加。

1924年7月，刘和珍结束了学业，离开了南昌女师。同年8月，她考取了北京女子师范大学英文系，便就此中断了去江西精武会的习武。但刘和珍并没有从此停止一切体育活动，直到她壮烈牺牲之前，她总是走到哪里锻炼到哪里，后来她的很多武术项目，都练得很不错，身体也比以前健壮多了。可惜，正当她满怀革命大志要干一番事业的时候，在"三一八惨案"中牺牲了。

53. 林巧稚注意锻炼身体

林巧稚，是新中国诞生后一位最有权威的妇产科专家，在20世纪的第一年，出生在福建省厦门市鼓浪屿。这位普通中国市民家庭的弱女子，靠着勤奋努力，登上了事业的巅峰，为祖国的医学事业做出了卓越贡献。

她是一位医生，医生的天职就是为人民的健康服务。她常常提醒青年们，特别是女青年们，一定要注意身体健康。这一点也是她事业成功不可缺少的一个条件。时刻注意锻炼身体，这是林巧稚从小就养成的习惯。

林巧稚从小就喜欢运动，打球、滑冰、游泳、徒步旅行、野外宿营、登山，各种各样的运动她都参加。这些运动不仅锻炼了身体，而且还磨炼了意志。她中学毕业后，以优异的成绩、健康的身体，考上了北京协和医学院。

协和，是美国洛克菲勒基金会在中国办的医学院，学生毕业以后得到的是美国医学博士的学位。每年招生不超过30名，条件相当苛刻，8年大学，分为3年预科，5年本科，每一年，都可能因为学习成绩不好，健康不佳而被淘汰。

林巧稚入学以后，除了认真刻苦学习外，仍然坚持锻炼身体。尤其是到了冬天，她经常围着学院大楼跑步锻炼，别人看见了都说协和医院出了一个"疯姑娘"，没事围着医院跑。但林巧稚不管这些，依然是坚持天天锻炼跑步。8年以后，她顺利地通过了道道关卡，达到了她心中定的高标准，成了最优秀的学生，并获得了学院颁发的一年一次的"文海"奖学金，林巧稚是获得这份荣誉的第一个女生。

林巧稚毕业后留在协和医院做妇产科医生，经常为病人做手术。为了练手术缝合时手指灵活的功夫，她读书读疲倦了，就开始做针线、缝荷包，缝得精美纤巧、玲珑别致。她的抽屉里放满了大大小小的荷包。她说："没有这样千针万线做活的基础，我做手术缝合时，手指绝没有那么灵活。"

林巧稚到了花甲之年，过生日那天，她的侄女、侄孙女要在家里为她祝寿，可她却提出要去登香山。她的侄女怕她年岁大，出问题，就百般劝她不必冒那个险。而林巧稚安慰她们说不要怕，结果60岁的老人比年轻人还抢先登上了顶峰。

由于林巧稚几十年都注意锻炼身体，一直是不辞辛苦地勤恳工作。在近八十高龄时，还以充沛的精力，主动承担繁重的工作。编书、审稿、会诊、开会、接待客人，她的工作任务令年富力强的中年人都感到难以胜任。别人劝她不要太劳累了，她说："我是一刻钟也闲不住的，闲下来就会感到孤独、寂寞。上帝如让我的生命还存在这个世界上，我存在的场所就是病房，我存在的价值就是医治病人，我的伴侣就是床头那部电话，对外交换的信息便是了解病情和提出治疗方案。"林巧稚就是这样为了人民的健康，工作到生命的最后一息。

54. 老舍注重养生健身

老舍（1899—1966年），原名舒庆春，字舍予，北京人，1918年毕业于北京师范学校，是著名的现代小说家、戏剧家。

20年代至抗战前，历任英国伦敦大学东方学院教员、齐鲁大学和山东大学教授，并从事创作。抗战期间主持中华全国文艺界抗敌协会，为团结和组织广大文艺工作者参加抗日宣传作出了积极的贡献。抗战胜利后，在美国讲学并进行创作。解放后应召回国，曾任政务院文教委员会委员、历届全国人民代表大会代表、中国文联副主席、中国作家协会副主席、北京市文联主席等职。他一生著述甚丰富，解放前创作的《骆驼祥子》等，对旧社会进行了揭露和批判。

新中国成立后，老舍先后创作了话剧《龙须沟》、《春华秋实》、《茶馆》，小说《无名高地有了名》和其他各种形式的文艺作品，歌颂新社会，语言生动、幽默，被誉为"人民艺术家"。

老舍一生的作品是丰富多彩的，在紧张的创作和担任多种职务的繁忙工作之余，老舍很注意养生健身。

老舍先生的生活极有规律。北京人一向起得早，老舍先生大概也是一个"早睡早起身体好"的笃信者，他起床之后，第一件事是打拳。

老舍家境贫寒，自幼身体不壮，22岁那年，一场大病几乎要了他的命。经过多方治疗，他病好之后，他深知锻炼身体的重要性，痛定思痛，不敢松懈，加紧锻炼，强健身体。从此，他就和打拳结下了不解之缘。

最早，他是从练剑术开始的，经过一段时间的练习，老舍的剑术大有长进，他不仅会舞剑，而且舞得颇有心得，居然编写了一本《舞剑图》。说来也怪，老舍的第一本专著居然是武术专著。他的这本武术专著，是在他的练武实践中有感而发的，他既需要这方面的知识，也把自己通过习武强壮了身体的体会介绍给更多的人，以此推动健身术的普及，这大概是他著《舞剑图》的目的所在。

1930年，老舍先生由英国转道新加坡回到北京。有一天，《学生画报》记者陈逸飞先生去看望他，一到他的住所，就见老舍一个人正在屋里跳一种奇怪的舞蹈，一会儿学燕飞，一会儿学小动物淋雨后抖落身上水的样子，浑身乱颤。陈先生站在一旁感到他练的拳有点怪，从来未见有人练这种拳，于是上前问老舍："你练的叫哪路活？"老舍答："这是昆仑六合拳。"并且解释说，六合拳流派很多，常见的有峨嵋六合拳，还有外家拳和内家拳。老舍自己练的是内家拳，专重气功。陈先生问老舍："练这种拳有什么用？"老舍先生说："不仅能健身，还可以防身。"陈先生说他不信，趁老舍没有防备，冷不丁一拳直冲老舍胸口打过去，只见老舍略一收胸，拳头落了空。老舍就势将陈先生的胳膊一拔，陈先生顿时觉得胳膊像触电一样，浑身麻酥酥的。这时，陈先生才信服刚才老舍所说的那番话，的确具有防身作用。

1933 年 4 月，老舍先生突然患背痛病，痛得很厉害，请了几位大夫给医治，结果医治无效。老舍从这开始下决心加强锻炼，这种锻炼并不是一般的活动活动身体，而是他根据自己过去练拳的初步体会，决定进一步请高师，通过练拳来医治自己的病，于是他便拜济南的著名拳手为师，开始系统习武。武术和狗皮膏药的夹功果然奏效。从此，老舍不间断地练习拳术，用以强身健体。

病后更知锻炼的重要。老舍先生自从生病之后，更加刻苦习武。他先后学了少林拳、太极拳、五行棍、太极棍、粘手等等，并购置了刀枪剑戟。1934 年，老舍迁居青岛，在黄县租了套房子。房前宽敞的院子成了他练拳的场地。通往客厅的小前厅里有一副架子，上面十八般兵器一字排开。这一时期的老舍，虽然身体还算不上很健壮，但无大的毛病，精力还算比较旺盛，他的《骆驼祥子》这一优秀作品就是在这时创作的。

1935 年春节前夕，老舍在山东大学的辞旧迎新晚会上，居然当众献艺，来了个单人武术表演，表演得很精彩，在场的人感到很惊讶，没想到一个作家还能有这样好的武功，个个赞不绝口。

抗日战争爆发后，老舍那些心爱的兵器都丢在了青岛，但太极拳始终没有扔，他走到哪里打到哪里。

1949 年，对老舍来说，既是个大灾年，也是个大喜年。说灾，身体出了大毛病；说喜，他终于回到了老家北京。老舍在纽约期间，一个夏日的一天，老舍正打着太极拳，不知什么原因他的腿忽然抬不起来了。只好请医生检查，经大夫诊断是坐骨神经炎，需要立即住院进行手术治疗。这一刀中断了老舍长达 15 年的练拳史。从此，他走路离不开手杖。手术后刚能行动，便启程回国，年底回到北京。

太极拳打不成，老舍便到中山公园学习太极气功。学得仍然是那么认真、刻苦。

熟悉老舍的人都知道，他虽然非常爱好拳术，但他很少与他人谈及此事，只有偶遇懂行的人才深谈，而且谈得津津乐道，有时口头谈着，手头还比划着，一些懂拳术的人，都愿意同他接触，也很尊敬他，敬佩他文武双全。

1965 年，老舍访问日本时，遇到一位叫城山三郎的日本作家，在同他谈创作问题时，不知道怎么就扯到了武术，谈得非常投机。从谈话过程中，城山才知道老舍精于拳术，城山先生对此很感兴趣，提出要和老舍比试比试。城山心想：你一个作家，不会有多高的武功。就让老舍先出手，老舍先生猛击一掌，将城山打了一个趔趄。城山反倒高兴地大叫："真有功夫呀!"老舍会武功的事，一时在日本文学界传为美谈。

1966 年，老舍先生逝世后，城山先生在悼念文章中，还提到了这场"比武"。

老舍的文学作品和戏剧作品，几十年来一直被人们赞赏，同他的作品一样，老舍迷恋拳术，也成为后人的美谈。

55. 张学良的养生术

著名爱国将领张学良，如今已届 90 多岁高龄了，可他依然头脑清楚，思路敏捷，反应灵活，步履稳健。他度过了半个多世纪的囚禁生涯，竟能如此健康长寿，堪称奇迹。奥秘何在? 据了解，这位如今仍不失大将风度的张学良在任何条件下都十分注意养生。对于他的养生之道，我们可以从五个方面来概括。

第一，体育锻炼。

张学良从青少年时就非常重视体育锻炼，并有着十分广泛的体育爱好。他爬山、跑步、游泳、滑冰、散步、骑马、跳舞、打网球、篮球、乒乓球、高尔夫球等等，无所不会，并且从小到老，坚持不懈。

张学良在广泛的体育爱好中，打网球算是他的强项，并有独到之处。*1934* 年，蔡智佳先生在庐山国际网球摆擂台，张学良从清晨一直激战到中午，没有一个人能击败他的。有一天，他碰见一位球艺不凡的对手，两人历时几个小时的苦战，结果竟难分胜负，最后只好握手言和。分手时，那个人才知道这位不服输的对手是张学良。从此他俩结成球友，每日对阵，友谊日渐加深。

张学良不仅自己酷爱体育运动，而且热心倡导体育运动，号召大家都来参加体育运动，使中国成为一个体育强国。*1928* 年，他在东北任边防司令官时，非常关心体育事业的发展，曾亲自筹建规模宏大的东北大学（东北师范大学前身）运动场，并以高薪聘请德国人贝克担任教练，号召广大青年学生投身体育锻炼。在普及体育运动的同时，张学良十分关心体育运动水平的提高。为此，他经常在沈阳举办体育运动会，在群众中选拔优秀运动员。旧中国第一届全运会在杭州举行时，东北代表队囊括了田径赛的全部冠军。

1932 年，在美国洛杉矶举办第十届奥运会，国民党当局宣称不派人参加。可是，侵占中国东北的日本帝国主义，突然在报纸上宣布说，"刘长春（东北大连人）将代表"满洲国"参加在美国洛杉矶举行的第十届"奥林匹克运动会"，以期替傀儡政权捞取为国际承认的资本。当时，随东北大学流亡在北平的刘长春立即在报纸上公开声明："我是中国人，决不代表傀儡政权出席第十届奥林匹克运动会。"后来，在张学良将军的资助下，这位短跑全国纪录保持者刘长

春才以中国运动员的身份参加了这次世界大赛。

为了洗刷"东亚病夫"的奇耻大辱，振兴中华体育，张学良首次倡导横渡长江。这是震惊中国近代体坛的伟大壮举。那是 1934 年 9 月的一天，张学良在武汉，特别下令"比赛时所有船只不得通行，外国船也不例外"。参加横渡的 30 多人，有官兵、船夫、职员和学生。他们由武昌黄鹤楼边码头的起跳点跳入江心，向设在汉口第六码头的终点游去，绝大多数运动员都顺流而下，坚持到达彼岸。其中有一位姓鞠的士兵搏击风浪，横穿大江，游到终点。武汉三镇为之轰动，围观助威的人山人海，一片欢腾，展示了中华民族不屈的精神。看到这里，张学良将军激动地把一枚刻有"力挽狂澜"题字的银盾献给这位优胜者。表现了张学良将军对振兴中华体育的热切期望。

第二，精神不垮。

张学良是一位颇有军事才能、有正义感的著名爱国将领，这不仅表现在过去战争年代，而且至今如此。他一生爱国，希望国家统一富强，并且视之为做人之本。不久前，他在接受大陆记者采访时仍坚定地表示："为国家，为民族，我当鞠躬尽瘁，死而后已。"

张学良具有随遇而安的胸襟，这既是大将的风度，也是他长寿的秘诀，不论在哪种生活环境中，他都能把握住自己，把握住生活。他尽管不幸被蒋介石蛮横囚禁达 54 年之久，历尽磨难，也能够适时排遣烦闷，制怒息火，解忧消愁，进行自我控制和调节，寻找新的生活乐趣。他在九秩寿宴上自豪地说："除了老了，我没有崩溃！"这种"精神不垮"的心理品质，实际上是一种心理健康的表现，这是他至今身体健康的重要因素。

第三，兴趣广泛，动静结合。

张学良在事业方面算上是文武双全的人物，在生活中爱好又是很广泛的。当年能驰骋疆场，如今能潜心钻研，文静于书斋之中。

所以说，他是一个喜动也喜静的人物，这种动中有静，静中有动，动静相宜的养生之道实在很重要。这使我们想起清代名医董凯钧对动与静的一段精辟论述："龟静而寿，蟾蜍亦静而寿；鹿动而寿，猿亦动而寿……喜静则静，喜动则动，动中思静，静中思动，皆人之常情也。更知静中亦动观书，动中亦静垂钓，无论动静总归于自然，心情开旷，则谓之养生也可，若心情不开旷，静也不是，动也不是。最静之人，食后亦宜散步，以舒调气血，好动之人，亦宜静坐片时，心凝形神。"

张学良大概是知晓这段精辟论述吧，他把静中寓动，动中寓静之关系处理得如此和谐、适度。他除了散步、垂钓和其他健身活动外，还喜欢幽兰养性，养植了200多盆兰花和养殖了许多观赏鱼。他还喜欢静默书斋读书看报看电视，大陆出版的许多有关他的书报，他几乎都看过了。他长期钻研明史，继而研究清史、民国史和东北史。他还精通《周易》。晚年，他坚持学习英语，专心研究神学，并翻译出版了《相约在骷髅地》一书。他喜好诗书画，常以品评鉴赏字画自娱。

第四，夫妻恩爱。

张学良与赵四小姐这对患难夫妻，并肩携手走过了60多年蹉跎岁月，始终相爱相依相随，无怨无恨无悔。赵四小姐无比知心的关怀，给了张学良心灵创伤以极大的抚慰。讲起他们夫妻关系时，张学良动情地说："要不是这些年幽居岁月我们相依互靠，我早不知会落到何种地步！"

第五，会吃会睡。

张学良晚年，饮食简单，多吃糙米、面食和蔬菜，生活又很有规律。当有人向他请教养生之道时，他说："我没有什么特殊的养生之道，只是会吃会睡。"他的话说得非常简练，但寓意相当深刻。每个人每天都需要吃和睡，但是否每个人都能将吃和睡与养生联系起来呢？不尽然，饮食与睡眠里面也有科学，每个人都应根据自己不同的身体条件，科学地安排饮食与睡眠，真正做到"会吃、会睡"。

56. 钱伟长繁忙不忘锻炼身体

钱伟长（1912—　），江苏无锡人。中国著名力学专家、教授。1935年毕业于清华大学物理系，1937年在清华大学研究院物理系肄业，赴加拿大多伦多大学应用数学系学习，先后获硕士和博士学位。1946年回国，任清华大学教授兼北京大学教授。解放后历任清华大学校务委员会常委兼副教务长、教务长、副校长，中国科学院力学研究所副所长、中国科学院数理化学部及技术科学部学部委员、中国力学学会副主席等职。在力学研究方面成果卓著，首次把张量分析用于弹性板壳问题的研究，提出浅壳理论的非线性微分方程组，被国际称为"钱伟长方程"，在国际上产生了重大影响，推动了科学事业的发展。

钱伟长不仅是一位著名的科学家，也是一位体育爱好者，凡接触过他的人，无不为他的乐观精神所感染。与他在一起，你会经常听到钱老的爽朗笑声，从笑声中你便可以知道钱老的身体目前仍然很健康。

钱老的工作很繁忙，社会活动也特别多，但钱老仍能以旺盛的精力、饱满的精神忘我地工作着，从他工作的劲头上，根本看不出他已是一个80多的老人了。

有人请教钱老是如何养生的，钱老笑着说以我的体会，重要的有两条：第一，保持乐观的心境；第二，经常锻炼。

钱老认为，保持乐观的心境对健康极为有益，对工作也大有好处。他说："比如运动员吧，他如果怕输，那就一定会输。比赛时必须乐观地、一心一意地去比，决不能背思想包袱。平时训练则必须全身心地投入。如果输了，不必太难过，只说明还练得不好，回去继续努力就是了。我们做科学工作的也一样，失败的次数总比成功多得多，不要把成败看得太重，总结经验继续努力才是关键，只有这样，才会带来今后的成功。"

在讲起体育锻炼时，钱老笑着说："我小的时候很爱踢足球，长跑、短跑我全练，还是个不差的运动员呢！在学校读书时，我每天至少要跑5000米。那时候，学校的运动会一般在5月份开，这个时候也正是学校大考的日子，我就一边参加运动会，一边考试，从不缺考。我那时锻炼得很认真，学习也很努力。我认为，做什么事最重要的是专心，一心一意，干完以后，便不再去想它，再专心专意做另外的事情。我就是这样处理锻炼与学习的。"

钱老现在年纪大了，工作又忙，没有时间也不可能再进行青年人那样剧烈的运动了，但钱老并没有停止锻炼。跑不动了可以走，于是他便抓紧时间走路，用散步的方式锻炼身体。与别人讨论问题时，他总是一边在房间里踱步，一边谈。思考问题时，也是站起来，一边漫步一边思索。他说："这不仅对我考虑问题有好处，也起到了运动的作用。"

钱伟长作为一位科学家，他对体育锻炼的理解也是科学的。他认为，体育锻炼不是为锻炼而锻炼，体育锻炼的主要功能固然是强健身体，但同时体育运动也"培养奋斗精神"。这就是钱老对体育运动的深刻理解，也是钱老在科学研究事业上走向成功之路的重要原因。这大概就是钱老在繁忙的工作中，仍然坚持锻炼的动力所在吧。

57. 韩作黎的健身之道

韩作黎是我国著名的教育家、儿童文学作家。

韩作黎已是 75 岁高龄，依然精神矍铄，身体健壮，坚持不懈地进行儿童文学创作，从事关心下一代的各种社会活动。他的工作日程安排得满满的，甚至比在职的同志还要繁忙，有时一天出去很晚才回家，有时还风尘仆仆地去外地参加各种活动。

韩老为什么有这样充沛的精力呢？因为他非常讲究健身之道，这主要体现在四个方面：

一是怀揣一颗童心。韩老自 1938 年参加革命，从事教育工作 50 余年，做过教师、教导主任、校长，还多年任北京市教育局长。不管是在革命战争年代，还是在和平时期，他总是怀着一颗童心，热爱孩子，热爱教师，热爱教育事业。"为了孩子，为了明天"，是韩老一生总结出的"八字真经"。韩老在 1981 年时主动要求退居二线，1986 年底离休。韩老人离开了工作岗位，但是，他的心一直没有离开自己一生为之奋斗的事业。他围绕关心下一代健康成长，经常参加一些活动，写文章，创作小说。最近，他正在修改一部童话小说，写作教育小说《摇篮曲》的第二部。他还经常到他家附近的汇文中学、白桥小学和南城根小学，了解学校的情况，关心教师的生活，给师生讲革命传统、讲革命故事、讲师德，有时还到外地去作报告。据粗略统计，1991 年，韩老给师生作报告听众达 2000 多人次，1992 年超过 3000 人次。正因为韩老有一颗永不泯灭的童心，有远大理想，所以他总是精神饱满，生活愉快。

二是加强体力锻炼，同时注意思维活动。韩老非常相信十八世纪意大利一位著名医生所说的"生命在于运动"的观点。他喜欢打乒乓球，在延安时，没有条件就用木板做拍子。年轻时他常洗冷水浴，五十年代他接受清华大学著名体育教授马约翰的建议，洗热、冷浴，用热水洗完再用冷水洗，他还自编一套按摩健身操，其中还有点气功，每天早晚做，坚持多年。直到现在，韩老每天早上都到东单公园锻炼身体。

韩老还注意经常有意识地思考问题，看书，看报，注意发展自己的思维，有时夜间醒来，就思考一下一天当中都做了哪些事，第二天还要做什么事。这叫"清夜自思"。由于注意思维活动，韩老现在头脑还很清醒，记忆力很强。

三是饮食上多元素。韩老从不忌口，什么都吃，想吃什么就多吃一些。由于食而杂，身体就可以吸收多种元素，有益于健康。

四是注意劳逸结合。平常，他每天中午都要睡一会儿；有时出去一天参加活动，下午四五点钟回来，赶紧补一个觉。这样，能够保持头脑总是清醒的。

58. 潘多登珠峰创世界第一

潘多（1938— ），西藏江达人，藏族。中国女子登山运动员。是世界上第一个从北坡登上珠穆朗玛峰的妇女。是第5届、第6届全国人民代表大会代表。1979年起任中华全国体育总会副主席，1981年任江苏省无锡市体委副主任。

潘多出生在西藏江达县金沙江畔的一个农奴家里。父母早死。她从小为农奴主种地、放牧。后来只身流浪到拉萨，受尽了人间苦难。1953年西藏和平解放后，成为西藏第一代农场工人。1959年她报名参加了中国登山队，同年登上了海拔 7546 米的慕士塔格山，获运动健将称号。1961 年登上了海拔 7595 米的公格尔九别峰，与西绕（女，藏族）两人创造了当时世界女子登山运动的最高记录。1975 年，已是 3 个孩子的妈妈，年龄 37 岁的潘多，为了征服珠峰，她毅然把孩子送到外地亲戚家，再次参加中国登山队攀登珠穆朗玛峰的活动。

由于她几年没有参加登山训练，身体有些发胖，并患有骨膜炎，再加上刚生过孩子的身体还很虚弱。但潘多克服了种种困难，经过一段时间的锻炼，潘多终于具备了攀登珠峰的身体条件。

1975 年 3 月，潘多和中国登山队的男女队员们踏上了通往珠峰的旅程。

当潘多和几名男队员一组登上海拔 8300 米以上高地时，碰到一道高约 20 米的悬崖绝壁，坡度在六七十度以上。裂缝上面有一块突出的岩石，一个结组同时往上攀登不大方便，他们干脆把结组绳解开，放下背包，空身上。潘多在裂缝的半腰停下来，传递背包和登山用品，在传递背包时，由于用力猛了一点，身子往后一仰，在这千钧一发之际，潘多机智地把脚插在裂缝里，身子伏在陡坡上，幸免落到深不见底的悬崖下。

潘多战胜了一道又一道险隘恶障，胜利地攀登到了 8600 米的突击营地时，能够参加突击顶峰的女运动员只剩她一人了。这里离珠峰顶峰虽然只有一华里的路程，但在海拔 8600 米以上的高山上，氧气只有海平面地区的三分之一，由于极度缺氧，队员们每走一步就要拄着冰镐深深地呼吸十几次，一直走了一个半小时，9 时 30 分才到达珠峰"第二台阶"的底部。

"第二台阶"是攀登珠峰的最后一道险关。它位于海拔 8700 米处。高度约 20 多米，在它的顶部有一道约 5 米高的岩石陡壁，它的北面是很陡的岩石坡，东南面几乎是垂直的峭壁，"第二台阶"就在这很窄的山脊上。过去外国登山运动员 4 次登山到这里都失败了。所以它被称为"横贯着世界上最长的里程"、"无法攀越的路线"。

潘多和其他几名队员经过侦察，并采取了一系列安全保护措施，5 月 27 日上午 8 时，潘多和 8 名男运动员开始登上征服珠峰的最后一段艰险旅程。经过 6 个半小时的拼搏，潘多和战友们在 5 月 27 日 14 时 30 分，终于登上世界之巅，五星红旗又飘扬在珠穆朗玛峰的顶峰。潘多和其他运动员在未用氧气装备的条件下工作了 70 分钟，把铸有"中华人民共和国登山队"字样的 3 米高的红色测量觇标，竖立在珠峰顶上，并采取了岩石标本和冰雪样品，测量了覆雪深度，用摄影机摄下了顶峰上的珍贵镜头。潘多拿出我国自行设计制造的耐低温无线电心电图遥测仪器，躺在峰顶的冰雪中，向大本营发射了世界上最高地点的心电遥测，成功地获得了第一张在地球之巅的心电图，进行了人类高山生理研究。这次还对珠峰的高度进行了准确的测绘，精确求得珠峰海拔高度为 8848.13 米。潘多同其他登山运动员们于 5 月 31 日安全返回大本营。她实现了征服珠峰的伟大理想，成为世界上第一个从北坡登上珠峰的女登山运动员，她在登山运动史上写下了光辉的一页。

59. 漆侠教授的健身之道

漆侠教授是河北大学历史研究所所长，他在我国历史研究界具有较高的名望。

漆侠教授在历史研究上独树一帜。他思维敏捷，学识渊博，撰写过多部历史研究论著，带出了 7 名博士研究生，18 名硕士研究生。他虽然身体显得瘦削，但走起路来步伐矫健，工作起来不知疲倦。

他教学、教研、科研工作十分繁忙，每天工作到深夜，毫无倦意，跟他共事的人都异口同声地说："漆先生真是精力过人呀！"

然而，漆侠教授患有支气管哮喘整整40年了。据有关研究表明，支气管哮喘是老年病中死亡率最高的一种疾病。患病30年后往往会导致肺心病而发生心力衰竭，这是一般病人必经的病情演变过程。可是，在漆侠教授的身上却出现了奇迹般的转机，经过医院临床检查，这位患有40年慢性支气管哮喘的"老病号"，心、肺功能完全正常。

漆侠教授这个"老病号"，究竟怎样焕发着蓬勃向上的活力呢？凭着坚韧不拔的毅力和对事业、生活的热烈追求，他创造出了自己的健身之道。这就是：乐观豁达、加强锻炼、对症服药、爱吃粗粮。

乐观豁达，保持精神愉快。漆教授一生经历坎坷，"文革"中受过批判，蹲过牛棚。但无论环境如何，他总是能够面对现实，从生活中寻找乐趣，从知识中寻求安慰，兴致勃勃地学习着。他心胸宽广，性情耿直，为人正派，想笑就放声地笑，想怒就大胆地怒。这种处世态度，使他思想上不背包袱，精神上没有任何负担，活得舒心，活得轻松。

加强锻炼，持之以恒。漆侠教授一年四季坚持冷水浴，每天早晨起床后，用冷水擦拭全身再进行冲洗，每次不少于20分钟，即使在滴水成冰的寒冬腊月，也从不间断。由于长期坚持锻炼，增强了体质，也适应了外界环境和气候的变化，从而增强了对各种疾病的抗病能力。

对症服药。漆侠教授每年入冬后，坚持用自制的蛤贝粉（用等量的蛤蚧、浙贝母共研细末制成），于每日早、晚各服10克。蛤蚧补肺肾，定喘嗽；浙贝母清热润肺、止咳化痰，常年服用，疗效显著。

爱吃粗粮。漆侠教授喜欢吃粗粮，最爱吃杂面，如荞麦面、绿豆面及玉米、小米等。杂粮中含有多种体内必需的氨基酸和维生素，常吃能增强机体的抗病能力。

漆侠教授的健身法告诉人们，加强锻炼，重视健身，是战胜疾病的重要途径。人的一生不可能不患任何疾病，但对待疾病的态度却各不相同。漆侠教授以积极的态度对待疾病，保持乐观豁达，精神愉快，长年坚持锻炼，对症服药，注意饮食，最终战胜了疾病。

60. 王遐方老当益壮启示录

王遐方是总参工程兵离休干部。1961 年初冬的一次车祸，使他颈椎骨裂损，骨盆粉碎性骨折，大脑迷漫出血，落下个二等甲级残废。1965 年离休时，他年仅 39 岁。如今已过花甲之年的王遐方神采奕奕，精力充沛，步伐稳健，满头黑发，不知道他实际年龄的人，根本看不出是一位 60 多岁的人。有人说他是："60 多岁年纪，40 多岁面貌，30 多岁精力，20 多岁干劲，10 多岁童心。"这番评价足以说明王遐方目前的身体健康状况是良好的，我们可不必为他的身体过多担心，他虽然身有残疾，但他并没有把自己当成残废，而是每天都在为党为人民忘我地工作着。

一个 30 多年前曾被判为"丧失生活自理能力"的二等残废，凭什么残而不废，老而不衰，如今却精神焕发，老当益壮呢？人们一定想知道他在战胜死神之后是怎样养生的。

王遐方的养生秘诀是，离而不休，魂系下一代，做青少年的朋友，关心青少年的健康成长。他经常向离退休老同志讲："关心青少年成长，对于我们老同志，力所能及，解闷活血，愉快心身，意义重大，学问很深，复苏朝气，其乐无穷，延年益寿。一句话，使人有真正的精神寄托。"王遐方的养生秘诀与众不同，甚至在许多人看来，他所总结的并非什么养生秘诀。实际上，王遐方老而不衰，精神焕发，具有童心等，的确与他的养生秘诀有关。其道理就在于他把全部身心都投入到关心下一代的伟大事业之中，并从孩子们的身上得到了无限的乐趣，从而使他精神上有了寄托，这样一来，他总觉得有做不完的工作，有用不完的精力，这就是他永葆青春活力的奥秘。

王遐方刚离休时也有过痛苦，但他并没有在痛苦中消沉下去，更没有在痛苦中泯灭，而是在痛苦中思索，在痛苦中寻求，在痛苦中重新振作起来。他在书中拜会了《钢铁是怎样炼成的》主人公——保尔·柯察金，被人扶着拜访了中国的保尔——吴运铎。王遐方从英雄人物的身上找到了人生的价值，确定了自己的道路。

"过去属于死神，未来属于自己"，他忘不了站在党旗下向党宣誓的情景，"为共产主义奋斗终生"的誓言，激励他决心和自己的命运搏击一场，为下一代的茁壮成长贡献自己的全部力量。

20多年来，王遐方为关心下一代花费了大量的心血和钱财。他为关心下一代花钱不计其数，平均每年要回上千封信，邮资全部自己付；每年要出差十四五次，很多费用自理；有时，他掏钱替无力为孩子医病的家庭垫付药费，或买药送上门；有时，学校缺少搞活动的经费，他就掏自己的钱积极赞助；他为关心下一代交往的人越来越多，很多人经常到他家里去拜访他或谈工作，他都热情地接待了他们，家里来的各地客人，烟、茶、糖果、饭都贴上了；有时，他把所得稿费一转手又寄给贫穷的学校。他不吸烟不喝酒，几乎把钱都贴给祖国的下一代了。

为了唤起更多的人都来关心祖国的下一代，王遐方到处奔走呼吁："爱孩子吧！爱孩子也就是爱祖国，爱祖国就是爱孩子！"他经常对人们讲："向前想我们祖国的五百年，向后想我们民族的五千年，特别要关心他们的近五年，我不管能活几年，愿把余年献少年……"

生活给走过来的人总留下不少启示，王遐方用20多年自己的亲身感受，献给我们共产党人、离退休干部这样一份生活启示录：

共产党人永远有用武之地，永远不失业，只要我们想到事业，事业是永远需要我们的。无职无权，一样能做贡献，只要我们树立了全心全意为人民服务的思想，甘当人民的公仆，从人民的利益出发，平凡的工作岗位，同样可以干出不平凡的事业。

一个人的身体健康，不只是指他的四肢发达，体力强壮，而应包括生理和心理两方面。心理健康的人，精神愉快，心胸豁达，喜怒控制得当，会始终保持良好的精神状态，同时也能保持旺盛的斗志和对已确定目标的执着追求，这就是人们常说的精神支柱。许多人身残志不残，他们一方面积极与疾病抗争，一方面在一定的工作岗位上奋力拼搏，不断焕发青春的活力，靠的也是"精神支柱"。王遐方老当益壮的事实也说明了这一点。

王遐方离休后20多年间，被人们誉为"青少年的好政委"、"体育战线上的编外顾问"、"到处做好事的活雷锋"、"传播精神文明的使者……"